Lb 177.

LA CONQUÊTE
DE L'ALGÉRIE

PAR

AMÉDÉE HENNEQUIN

Extrait du CORRESPONDANT.

PARIS

CHARLES DOUNIOL, LIBRAIRE-ÉDITEUR

RUE DE TOURNON, 29.

1857

PARIS. — IMPRIMERIE DE SIMON RAÇON ET COMP., RUE D'ERFURTH, 1

« Il faudrait que le chef de l'expédition contre Alger méritât, comme Desaix en Égypte, le glorieux surnom de sultan juste. »

Duc de CLERMONT-TONNERRE, ministre de la guerre. *Rapport au roi*, 1827. Inédit.

« Je ne veux pas ravager cette terre déjà si malheureuse, je veux que la France refasse l'Afrique romaine..... Quant aux populations indigènes, je veux les gouverner et non les piller... L'autorité française présentera constamment la France aux Arabes comme protégeant et maintenant les droits de tous. »

Maréchal VALÉE, *Dépêche de 1838, citée par M. le comte Molé, discours prononcé à la Chambre des pairs, séance du 5 août 1845.*

« Aucune nation ne peut plus avouer un système brutal d'agrandissement, aucun homme éclairé ne pourrait plus sans remords consacrer sa vie à des conquêtes inutiles, si elles ne sont pas nécessaires, immorales si elles n'ont pour moyen que le meurtre et la dévastation. »

EUGÈNE CAVAIGNAC, chef de bataillon en non activité, *De la régence d'Alger, notes sur l'occupation*, 1839.

« Notre intérêt bien entendu, notre intérêt égoïste, si je puis dire, nous oblige à civiliser la population indigène, à développer, à grandir son bien-être pour assurer le nôtre. Nous avons eu la volonté d'apporter l'ordre dans un pays où le règne de la force dominait avant nous tous les droits. Nous avons cherché à surmonter les haines que le gouvernement précédent avait sans cesse excitées entre les tribus. Nous nous sommes efforcés de faire accepter par tous la puissance de la loi, pour remplacer la triste coutume qui existait aussi chez presque tous de se faire justice à soi-même. »

Général BEDEAU, *Projet de colonisation pour les provinces d'Oran et de Constantine présenté par MM. les lieutenants-généraux de Lamoricière et Bedeau*, 1847.

« Nous devons tendre, par tous les moyens possibles à nous assimiler les Arabes, à modifier graduellement leurs mœurs... Le premier de ces moyens, c'est la bonne et impartiale justice qui ne les distinguera jamais des Européens.

Maréchal BUGEAUD, *De la colonisation de l'Algérie*, 1847.

LA CONQUÊTE DE L'ALGÉRIE

Histoire de la conquête d'Alger, écrite sur des documents inédits et authentiques, suivie du tableau de la conquête de l'Algérie, par M. Alfred Nettement.

L'histoire contemporaine est celle dont on parle le plus et qu'on connaît le moins. Personne ne fait le moindre effort de mémoire pour conserver le souvenir des événements qui se sont passés sous ses yeux. Chacun se fie à des impressions que leur succession rapide efface ou dénature. Aussi, dans nos temps agités par des péripéties si brusques, qu'un philosophe a pu dire : « Il n'y a d'impossible que ce qui est, » les faits les plus notables, racontés à un très-court intervalle du jour qui en fut témoin, reprennent-ils un singulier intérêt de nouveauté et même d'imprévu, lorsque l'historien a eu l'avantage de posséder ces documents intimes, ces papiers d'État, ces archives de famille qui ne s'ouvrent d'ordinaire qu'à la postérité. M. Nettement méritait le privilége de recueillir les confidences orales ou écrites des hommes d'État qui ont résolu et préparé l'expédition d'Alger, du général en chef qui l'a commandée, des officiers qui ont pris une part illustre au succès de l'une des entreprises militaires qui honorent le plus la politique généreuse de la France. Parmi les sources abondantes et encore intactes où il a puisé la vérité vraie et complète, nous citerons les papiers politiques du baron d'Haussez, qui, comme ministre de la marine, organisa l'expédition ; les rapports et les informations verbales des deux ministres ses prédécesseurs, le duc de Clermont-Tonnerre et le baron Hyde de Neuville ; les travaux spéciaux de l'amiral Dupetit-Thouars, les archives de la famille du maréchal Bourmont, le journal du lieutenant général duc d'Escars.

De si précieux documents interprétés par un homme de talent suffiraient à la fortune d'un bon livre ; mais ce qui fait, à nos yeux, le mérite éminent de l'ouvrage de M. Nettement, c'est l'élévation de caractère, la droiture d'intention, le zèle de justice qui respirent dans ces belles pages. On dirait, au calme et à la sérénité de son langage, qu'il parle d'événements déjà lointains, si la précision et la vivacité des détails ne révélaient l'écrivain bien instruit par les acteurs eux-mêmes. Il juge

¹ Paris, chez Lecoffre, rue du Vieux-Colombier, 29.

les morts ensevelis hier et les vivants avec une équité que l'histoire ne fait espérer qu'aux personnages disparus depuis longtemps du théâtre des passions. Étranger à tout esprit de parti, il met en relief toutes les actions qui ont honoré son pays, et redresse toutes les erreurs hostiles à la considération de ceux qui l'ont servi. Véritable historien, en un mot, il donne au lecteur plus qu'un plaisir littéraire : une joie et une leçon morales.

Le livre de M. Nettement se compose de deux parties : l'*Histoire de la conquête d'Alger*, le *Tableau de la conquête de l'Algérie*. L'histoire de l'expédition d'Alger est une œuvre complète et définitive. Nous n'aurons qu'à en présenter l'analyse. Nous profiterons de la générosité de l'auteur, qui n'a pas voulu épuiser le récit des principaux épisodes de la guerre d'Afrique pour placer dans le cadre qu'il a tracé le fruit de quelques études personnelles.

I

Les deux Barberousse, fondateurs du scandaleux empire d'Alger, avaient, selon la juste expression de M. Nettement, élevé la piraterie au rang de souveraineté établie et reconnue. Charles V, dont on a dit qu'il ne tenta que des guerres utiles, voulut détruire la capitale des forbans. Son armée débarqua heureusement non loin d'Alger (1541), mais une tempête dispersa ses vaisseaux. Privé de vivres et de munitions, il parvint à grand'peine à recueillir les restes de ses troupes sur les débris de sa flotte. En 1688, Duquesne fit contre Alger un premier et heureux essai des bombardes inventées tout exprès par Renaud d'Éliçagaray, et vengea les infructueuses tentatives de MM. de Beaufort et d'Estrées. Mais les Algériens eurent bientôt réparé les ruines de leur ville. Ils fortifièrent de nouveau leur rade et reprirent toute leur insolence. A la fin du dernier siècle, les Espagnols usèrent à plusieurs reprises, contre ces voisins intolérables, les dernières ressources de leur ancienne puissance maritime et ne réussirent qu'à essuyer, en 1786, une déroute complète.

Les nations européennes, désespérant de vaincre Alger par un effort isolé, et trop divisées par la politique pour associer leurs armes contre cet ennemi commun, avaient eu la faiblesse de traiter avec le dey, qui dès lors, les considérant comme des vassales, se mit en droit de visiter leurs vaisseaux et de les arrêter au moindre retard dans le payement du tribut consenti. Indépendamment de ces avanies, qui s'exerçaient en vertu des traités, les Algériens ne se faisaient pas faute de s'emparer des navires mieux pourvus de marchandises que de canons.

Ils se livraient jusque sur les côtes de France, d'Espagne, d'Italie, à la traite des blancs.

Le commerce des esclaves chrétiens se faisait publiquement à Alger, sous la tolérance et en quelque sorte sous la garantie de consuls accrédités près du dey par les nations européennes. Les maisons consulaires servaient de succursales aux bagnes. Lorsque les pirates étaient embarrassés de leurs prises et ne savaient comment les loger, ou bien lorsqu'ils voulaient ménager un captif de choix dont ils espéraient une rançon opime, les gardiens des plus nobles pavillons obtenaient la faveur d'héberger leurs compatriotes réduits en servitude. La charité catholique s'efforçait d'alléger le fléau toléré et même organisé par la politique. Les deux ordres de la Rédemption, les chanoines réguliers de la Sainte-Trinité, dits Mathurins, et les frères de la Merci faisaient des quêtes pour racheter les captifs. Plusieurs religieux, livrés aux plus atroces supplices, payèrent de leur vie le courage avec lequel ils venaient apporter aux régences barbaresques le tribut périodique des chrétiens. Les captifs ainsi délivrés parcouraient en procession, au milieu des religieux leurs sauveurs, les rues de Paris édifié et attendri. La dernière cérémonie de ce genre eut lieu en 1785, à la suite d'une *Rédemption*, qui avait arraché aux bagnes d'Alger trois cent treize esclaves français[1]. Grand honneur pour la religion, que de savoir subvenir tout à la fois aux misères inséparables de la condition humaine et aux maux que la malice des hommes invente! Grande honte pour la politique, qui laissa subsister si longtemps l'occasion de ce dévouement fertile en martyrs!

L'ordre de Malte, plus fier que les plus hautes puissances, n'avait pas de traité avec les Barbaresques; ses galères donnaient aux pirates une chasse ardente. La croix de Jérusalem apparaissant à l'horizon, rassurait les navires qui faisaient le commerce du Levant, mais ne les préservait pas tous des insultes et des violences. Les chevaliers de Malte, en réduisant eux-mêmes en esclavage les infidèles avec lesquels ils étaient en guerre perpétuelle, semblaient autoriser les représailles exercées par les pirates musulmans sur les chrétiens. Lorsque les immunités dont les biens du dernier ordre chevaleresque jouissaient en France furent supprimées par l'Assemblée constituante, un cri d'angoisse s'éleva de tous les ports de la Méditerranée; Marseille surtout ne pouvait supporter l'idée que la protection des chevaliers de Malte viendrait à manquer à ses armateurs.

La longue impunité de la piraterie algérienne provenait de l'orga-

---

[1] Voir l'*Ordre et la marche des captifs français rachetés dans le royaume d'Alger*, en 1785. Paris, in-4; et le *Tableau historique et chronologique de toutes les Rédemptions qui ont été faites par les chanoines réguliers de la Sainte-Trinité.* Paris, 1785, in-4.

nisation solidaire des quatres régences barbaresques[1]. Cette solidarité fit avorter ou tourna contre les puissances contractantes les concessions que leur dédain ou leur faiblesse avaient faites aux forbans.

Une ligue offensive et permanente, entre toutes les nations européennes contre les pirates africains, semblait devoir naître, comme par la force des choses, de cette humiliation commune et de cette menace perpétuelle. Il était réservé à la France de remplir seule le devoir de la chrétienté de venger l'honneur et de sauvegarder l'intérêt du monde civilisé. En faisant tomber Alger, la métropole, nous avons renversé du même coup les foyers secondaires de la piraterie organisée par les Barbaresques.

Au temps où l'empire ottoman était une force et non pas un problème, lorsque Alger était gouverné par un pacha envoyé de Constantinople, les traités conclus entre les rois de France et les sultans avaient, par instants, réagi heureusement sur la conduite suivie par les Algériens à notre égard. En 1603, Mahomet III déposa les pachas de Tunis et d'Alger, dont les galères avaient couru sur nos navires. Il n'y avait pas à espérer de réforme durable d'une société fondée sur l'anarchie en vue de la rapine. Ces rares et courtes intermitences de la piraterie algérienne n'étaient plus même possibles depuis que le lien de vasselage qui rattachait l'étrange fief des Barberousse à l'empire ottoman avait été rompu, en 1710, par Baba-Ali-Dey. Désormais cette association de renégats et d'enfants perdus du mahométisme, savamment organisée pour la déprédation sans trêve ni merci, cette chevalerie du mal, vouée non pas au célibat, mais au concubinage, constituée en dehors de l'esprit de famille, qui eût pu, à la longue, l'adoucir et l'humaniser, suivit sans contrainte ses instincts de proie et de débauche. Constantinople, placée sous la tutelle plus ou moins désintéressée, mais civilisatrice, des nations européennes, devait peu à peu communiquer quelques-uns des progrès de ses lois et de ses mœurs régénérées aux régences de Tunis et de Tripoli, fidèles à la suzeraineté, et par conséquent soumises à l'influence du sultan. Le pachalik d'Alger figurait encore en 1830 sur l'*Almanach impérial* de Constantinople parmi les possessions du sultan; mais le nom du pacha restait en blanc. En effet, depuis longtemps le dey d'Alger était élu directement par la milice algérienne.

Il y a quelques années, lorsque les journaux rendaient compte de nos élections politiques, ils parlaient volontiers du champ de bataille électoral. Tel candidat, annonçaient-ils, est sorti vainqueur de la lutte, tel autre a succombé. Pures métaphores, Dieu merci! destinées à colorer d'une teinte pittoresque le résultat de l'inoffensive addition des bul-

---

[1] *Mémoire concernant le système de paix et de guerre que les puissances européennes pratiquent à l'égard des régences barbaresques.* Venise, 1788.

letins électoraux. Mais, quand il s'agit de la nomination d'un dey d'Alger, il faut prendre au pied de la lettre les expressions les plus guerroyantes et les plus lugubres. Le dey devait réunir l'unanimité des suffrages, c'est-à-dire des sabres et des pistolets ; car les janissaires votaient en armes : le pouvoir était souvent le prix de combats acharnés. L'élu n'était autre que le chef, le favori ou le plastron de la bande la plus nombreuse ou la mieux aguerrie. Le même jour vit élire successivement et massacrer plusieurs candidats dans le tumulte de ces scrutins tragiques.

Le dey d'Alger jouissait d'un pouvoir sans limites; mais son autocratie était contrôlée, dit M. Nettement, par la révolte et l'assassinat Le souverain, en montant sur son trône glissant, jurait de payer exactement la solde de la milice; de peur qu'il n'oubliât la redoutable confraternité qui le liait à ses électeurs, il recevait lui-même, mais avant les autres, sa paye de janissaire. Si par hasard un dey mourait dans son lit, il n'en fallait pas davantage pour qu'on l'honorât comme un saint, tant ce phénomène était rare. Les Égyptiens soumettaient à un jugement public la mémoire de leurs rois défunts. Le tribunal qui élevait et renversait les souverains d'Alger siégeait de leur vivant; il ne chômait jamais. Chaque janissaire se considérait comme le juge sans appel du dey qu'il avait élu. Le tyran traversait-il victorieusement l'épreuve incessante du yatagan toujours levé sur sa tête, il méritait à bon droit de passer pour un être extraordinaire, mais non pas pour un saint : car le pire des maîtres est souvent celui que la foule préfère.

La manie classique de ranger toutes les formes de gouvernement, même les plus anormales, dans les catégories décrites par Aristote, a fait comparer cette société sans nom tantôt à une monarchie ou à une tyrannie élective, tantôt à une démocratie aristocratique. M. Nettement est plus judicieux lorsque, guidé par les savantes études du général Walsin Esterhazy sur la domination algérienne, il dénonce le pouvoir des deys d'Alger comme la réalisation de la monstrueuse utopie d'un démagogue qui, voulant organiser la responsabilité du pouvoir souverain, demandait que la république française fût régie par un dictateur condamné à gouverner le boulet au pied et la tête sous le couperet.

Quel traité pouvait lier, quelle morale astreindre une société politique ainsi constituée? Les nations les plus hautaines, les plus jeunes comme les plus antiques, avaient cependant subi les conditions des Algériens. Les États-Unis leur payaient tribut lorsqu'en 1815, jaloux d'effacer cette honte et de faire apparaître dans les eaux de la Méditerranée un spécimen de leur flotte naissante, ils envoyèrent une escadre devant Alger. Le dey ne s'attendait pas à cette visite; ses galères étaient en course. Craignant de les exposer à un combat inégal, il promit sans discussion tout ce qu'on voulut, et les États-Unis de chanter victoire et de prendre en pitié l'Europe qui supportait patiemment un joug que, quant à eux, ils avaient secoué si facilement. « Le difficile, remarque M. Nettement, n'avait jamais été d'obtenir des « Algériens des conditions favorables, surtout quand on les surpre- « nait dans un moment propice ; le difficile, c'était de faire exécuter « un traité obtenu, et d'obliger la régence, une fois le péril passé, « à exécuter les conditions acceptées sous le coup du péril. » Les Anglais en firent l'expérience. En 1816, une flotte, aux ordres de lord Exmouth, somma le dey d'Alger de renoncer désormais à réduire en esclavage aucun chrétien. L'amiral anglais, pensant apparemment que le droit des gens n'oblige qu'envers les puissances qui l'observent elles-mêmes, trouva le moyen de s'avancer, pendant le cours des négociations, jusqu'à l'entrée de la darse dégarnie d'artilleurs. De là, il foudroya les quais de la ville avant que les batteries algériennes eussent commencé à faire feu. Le dey, surpris, promit d'observer les conditions imposées par lord Exmouth ; mais aussitôt il fut étranglé par les janissaires, conservateurs acharnés de leurs prérogatives inhumaines. Le nouveau dey, Hussein-Pacha, tint compte des sinistres avertissements que son prédécesseur lui léguait ; il se souvint qu'un dey d'Alger n'était pas élu pour respecter le droit des gens, mais, bien au contraire, pour le violer à outrance. Aussi, lorsqu'une flotte anglo-française vint lui notifier les résolutions prises par le congrès d'Aix-la-Chapelle, il refusa de les souscrire. Le 30 avril 1827, il mit le comble à de longues insultes envers la France, en frappant au visage, d'un coup de chasse-mouches, notre consul, M. Deval, agissant officiellement dans une audience publique.

La destruction de la piraterie et le châtiment de l'insolence algérienne étaient depuis des siècles une question d'intérêt européen. Désormais ce fut pour la France une question d'honneur personnel. Le gouvernement qui déclarait la guerre aux Algériens aurait dû compter sur l'enthousiasme national et sur la gratitude, sinon sur l'alliance active de toutes les puissances. Loin de là, il ne rencontra au dedans que froideur et défiance ; au dehors, l'opposition obstinée et presque menaçante de l'Angleterre.

Dès 1827, M. de Clermont-Tonnerre, ministre de la guerre, dans un beau rapport présenté au roi, considérait à bon droit comme une déclaration d'hostilité l'insulte faite au consul de France ; il proposait de poursuivre vigoureusement et sans délai la guerre contre Alger. « Alger, « disait-il, ne vit que par la guerre qu'elle fait au commerce des puis- « sances chrétiennes. Alger doit périr si l'Europe veut être en paix. « Le roi, ajoutait-il, a le choix entre deux partis : se contenter « de tirer vengeance des pirates en détruisant leur repaire, ou bien « s'emparer de l'État d'Alger pour établir la puissance française en

« Afrique. Si ce dernier avis prévaut dans les conseils de la France,
« l'Europe n'a pas le droit de s'y opposer. Il n'y a pas de puissance au
« monde qui ait le droit de dicter au roi de France l'usage qu'il devra
« faire de sa victoire... L'histoire prouve que la marine seule est im-
« puissante contre Alger; la guerre ne peut se terminer qu'au moyen
« d'une expédition par terre. »

L'époque et le lieu propices au débarquement, le chiffre des forces et des approvisionnements nécessaires au succès de l'entreprise, tout est étudié, tout est prévu dans ce mémoire aussi remarquable par l'entente des détails que par l'élévation des idées. Aucun général n'était encore proposé nominativement pour le commandement de l'expédition; mais le ministre traçait dignement le caractère et la mission du conquérant ennobli par la civilisation chrétienne, ne détruisant que pour mieux édifier, réunissant au talent militaire les qualités morales, administratives et politiques propres à fonder sur la justice et à faire aimer la domination introduite par les armes, et se faisant, en un mot, pardonner, par les bienfaits qui suivent sa victoire, le sang qu'il a versé pour l'obtenir. « Il faudrait, disait en propres termes M. de Cler-
« mont-Tonnerre, que le chef de l'expédition contre Alger méritât,
« comme Desaix en Égypte, le glorieux surnom de sultan juste. »

Dès 1827, la nécessité de la guerre était donc proclamée dans les conseils du roi. Cependant trois années devaient s'écouler avant que la flotte de débarquement prît la mer. Les obstacles qui entravèrent si longtemps cette indispensable et glorieuse entreprise surgirent de différents côtés.

La ville d'Alger avait le prestige de la victoire, l'Algérie le prestige de l'inconnu. L'insuccès final des débarquements tentés par les Espagnols dans des parages peu connus et mal famés avait persuadé aux dignitaires de la marine française qu'une descente à terre sur un point quelconque de la côte d'Afrique était souverainement périlleuse et presque aussi impraticable qu'une attaque par mer. Aussi, avant d'en venir à cette extrémité tant redoutée des hommes de métier, une croisière fut-elle établie devant Alger. Le blocus dura trois ans; il ne fut pas inutile. La mer fut interdite aux pirates, et les prises, une des ressources du trésor algérien, cessèrent. La milice turque ne put, comme de coutume, se recruter sur les côtes d'Albanie et d'Asie. Le vide que le dey Ali-Codja, le prédécesseur d'Hussein, avait creusé dans les rangs des janissaires, en faisant égorger dix-sept cents d'entre eux, ne fut réparé que pour la forme par un expédient insolite, l'intrusion des Maures, race peu guerrière. Tandis que l'ennemi s'affaiblissait, deux officiers de marine, les capitaines Dupetit-Thouars et Gay de Taradel, étudiaient soigneusement la côte et signalaient le point le plus favorable au débarquement d'une armée.

Une dernière tentative d'arrangement, faite par le capitaine de la Bretonnière, amena un nouvel outrage; la guerre immédiate fut résolue par le gouvernement français; mais M. de Polignac était aux affaires, « chose triste à dire (pour emprunter à M. Nettement son lan-« gage exempt d'amertume), l'esprit de parti portant atteinte au patrio-« tisme, il y eut des gens qui craignirent les succès du ministère au « point de craindre ceux de la France. » Un député de l'opposition, M. de Laborde, abusant de l'autorité apparente qu'un récent voyage en Égypte donnait à ses assertions sur le climat de l'Afrique, dénonça l'expédition contre Alger comme une entreprise folle et coupable. Bien plus, la chambre des pairs entendit un de ses membres, un marin célèbre, l'amiral Verhuel, excuser l'insulte faite par les Algériens au pavillon du commandant la Bretonnière, et pronostiquer l'issue la plus funeste à une guerre déjà déclarée par le fait et qu'il était impossible de ne pas poursuivre.

Les difficultés réelles de l'expédition n'étaient plus qu'un motif de ne rien négliger pour la faire réussir. C'est ainsi que le comprit le ministre de la marine, M. d'Haussez. Tout étranger qu'il était par ses antécédents aux choses de la mer, il se montra, dans cette occasion, plus marin que les plus illustres membres du conseil d'amirauté. Bravant la superbe des corps spéciaux, des corps savants, qui veulent bien permettre aux profanes de révérer les oracles de leur sagesse, mais ne supportent pas qu'on les discute, M. d'Haussez adopta, contre vents et marée, le plan du capitaine Dupetit-Thouars. Fort de la conviction de cet officier, qui compensait par la connaissance approfondie du terrain l'autorité qui manquait à sa jeunesse et à son grade peu élevé, M. d'Haussez crut qu'il était possible de débarquer une armée sur la côte d'Alger, dans la baie de Sidi-Ferruch. A force de résolution, il entraîna les incertains. Son habileté administrative, stimulée par les appréhensions exagérées des adversaires de l'expédition ou plutôt du ministère, se précautionna contre toutes les mauvaises chances imaginables. M. d'Haussez tint compte même des chimères; il prépara le succès que l'armée sut obtenir.

Le gouvernement du roi triompha avec non moins de bonheur du mauvais vouloir de l'Angleterre. Les Anglais n'étaient pas en 1830 sans griefs personnels contre les Algériens. L'amiral sir Harry Neale avait, en 1824, tenté de garantir, par un traité complémentaire, les promesses arrachées au dey par lord Exmouth; mais les circonstances extraordinaires qui avaient favorisé ce premier et précaire succès ne pouvaient pas se reproduire. L'essai de la force n'avait pas mieux réussi que la diplomatie à sir Harry Neale. Après trois tentatives de bombardement, l'escadre anglaise s'était retirée avec perte; cependant, oubliant cet affront, l'Angleterre craignit l'agrandissement de la France plus qu'elle ne désira la chute de la Barbarie et l'expiation de ses propres injures.

M. Nettement a décrit dans le plus grand détail la campagne diplomatique qui précéda l'expédition d'Alger, et prouvé, pièces en main, que le cabinet des Tuilleries refusa, en dépit des obsessions de l'Angleterre, de s'engager à ne pas conserver sa conquête dans le cas où l'expédition réussirait. On connaît les paroles qui furent échangées à Londres entre lord Aberdeen et le duc de Laval, ambassadeur de France. Ce dernier, à la veille de prendre un congé temporaire, faisait une visite d'adieu au ministre anglais. Lord Aberdeen se plaignit de la France, qui jamais, disait-il, ni sous la République, ni sous l'Empire, n'avait donné à l'Angleterre des sujets de plainte aussi graves que ceux qu'elle avait reçus depuis un an du cabinet des Tuileries. Comme il avait laissé entrevoir qu'une rupture était imminente, le duc de Laval, relevant cette allusion quelque peu hautaine, répondit : « J'ignore, milord, ce que vous pouvez espérer de la « générosité de la France; mais ce que je sais, c'est que vous n'obtien- « drez jamais rien par les menaces. » Ces paroles, d'une politesse si fière, résument l'esprit et donnent le ton de la négociation que le dernier cabinet du roi Charles X suivit avec l'Angleterre. Notre diplomatie ne sut ni tromper, ni biaiser, ni faiblir. Tout en évitant d'exaspérer le cabinet anglais, qui semblait prêt à s'armer contre la cause commune de la civilisation et de l'indépendance européenne, la France se réserva tout entier le droit de disposer de son plein gré du prix de sa victoire.

C'est faire injure aux princes que de louer en eux, comme une vertu singulière, la sollicitude jalouse dont ils entourent la dignité de leur nation. L'intérêt bien entendu suffit à leur conseiller de ménager l'honneur du peuple qui se confond avec le leur ; mais se détacher absolument de toute affection privée quand le salut de l'État est en jeu, sacrifier au devoir du souverain les griefs personnels les plus vifs, et ne voir dans chaque candidat aux fonctions publiques que le service qu'il est capable de rendre, voilà le vrai patriotisme des princes. M. le Dauphin donna un grand exemple de cette abnégation civique, lorsque, prié par le roi de lui présenter la liste des officiers généraux aptes à commander en chef l'expédition contre Alger, il plaça le général Clausel sur le même rang que le duc de Raguse et le comte de Bourmont. Personne, M. le Dauphin moins que tout autre, n'avait oublié que le général Clausel, commandant à Bordeaux au nom de l'empereur en 1815, s'était trouvé avec madame la Dauphine en lutte déclarée, et avait fait échouer, par son attitude hostile, les dernières espérances de la cause royale. Depuis que la seconde restauration avait été accomplie malgré lui, M. le général Clausel avait persévéré dans l'opposition. Il n'allait pas à la cour, mais il avait une grande notabilité militaire, des services illustres, un talent éprouvé : c'était assez pour mériter le suffrage du prince, puisqu'il s'agissait de choisir, non pas un aide de camp, non pas un gentilhomme de la chambre, mais un général capable de commander une armée.

L'amiral Duperré, sans rappeler aux membres de la famille royale aucun souvenir personnellement importun, était loin de passer pour un fervent royaliste. Cependant, raconte M. Nettement, à l'issue d'une séance du conseil d'amirauté, M. le Dauphin ayant demandé au capitaine Dupetit-Thouars : — Si vous étiez ministre de la marine, à qui donneriez-vous le commandement de l'expédition ? — A l'amiral Duperré, dit le jeune officier, après s'être défendu respectueusement de répondre à cette question délicate. M. le Dauphin se contentait d'avoir d'un vrai prince le caractère ; il méprisait le rôle et ne savait pas dissimuler ses impressions : il fut aisé de lire sur sa physionomie que le nom mis en avant par le capitaine Dupetit-Thouars ne lui était pas des plus sympathiques, et pourtant l'amiral Duperré l'emporta sur les autres concurrents. N'avait-il pas à la faveur, qui n'était autre que la justice du prince, un titre irrésistible : le souvenir de beaux combats soutenus dans la mer des Indes et la confiance des gens de mer ?

L'expédition contre Alger ayant été définitivement résolue en conseil des ministres, le 31 janvier 1830, les préparatifs furent menés avec autant de célérité que de prévoyance. Le 25 mai 1830, quatre-vingts vaisseaux de guerre et quatre cents bâtiments de transport, chargés de soixante-quatre mille hommes, quittèrent la rade de Toulon et firent voile vers l'Afrique. Le corps de débarquement se composait de trente-sept mille trois cent trente hommes, et disposait de quatre mille huit cents chevaux.

Durant la traversée, des dissentiments s'élevèrent entre le général Bourmont, commandant en chef l'expédition, et l'amiral Duperré, chef de l'escadre. On a vu souvent les rivalités de corps, les querelles d'ancienneté, les inquiétudes de l'amour-propre, les animosités privées, se cachant sous le beau prétexte du bien public, diviser sourdement les chefs d'armée et ruiner des entreprises qui ne réussissent que par l'émulation du dévouement. L'histoire est pleine des tristes effets de ces grands enfantillages de la vie militaire. Les misères de la vanité, se mêlant au récit des plus pompeuses actions, ces ressorts ridicules, agissant puissamment dans le drame de l'histoire, sont l'argument le plus spécieux des esprits bornés qui veulent expliquer les grands événements par des causes infimes. La côte d'Afrique nous rappelle l'un de ces exemples. Une misérable pique d'amour-propre, éclatant entre le duc de Beaufort, commandant la flotte, et M. de Gadagne, chef des troupes de débarquement, fit avorter l'une des expéditions tentées sous Louis XIV contre les Algériens.

Entre le général Bourmont et l'amiral Duperré, le désaccord, moins vif qu'on ne l'a dit, eut des causes avouables et sérieuses : le général en chef était plein de confiance dans le succès de l'entreprise qu'il avait voulue comme membre du cabinet et préparée comme ministre de la guerre ; l'amiral Duperré, au contraire, conserva jusqu'à la fin, contre le plan adopté et ses chances de réussite, les défiances du corps spécial auquel il appartenait. Il prêtait un loyal concours à la mission qu'il avait acceptée ; mais ses avis, pour emprunter à M. Nettement son langage si mesuré et si juste, « étaient empreints d'une « prévoyance pessimiste ; il opéra avec la lenteur circonspecte de l'ex-« périence qui craint de laisser quelque chose au hasard. » Après avoir fait rebrousser chemin à la flotte lorsqu'elle n'était plus qu'à quatre lieues d'Alger, et l'avoir, par excès de précaution, retenue huit jours dans la baie de Palma, l'amiral Duperré ne put se décider à trouver l'heure favorable au débarquement des troupes ; il dut céder à l'injonction polie, mais ferme du général Bourmont. Quatre jours de beau temps semblaient indispensables au chef de l'escadre pour mettre à terre le corps expéditionnaire. La mer, trompant ses calculs, permit d'achever l'opération en quelques heures, le 14 juin 1830. Cinq jours après, vingt mille Français battaient, à Staouéli, cinquante mille Turcs et Arabes et s'emparaient de leur camp.

Le dey d'Alger se croyait invincible : il n'ignorait pas que l'armée française se proposait de débarquer dans la baie de Sidi-Ferruch, mais il n'avait eu garde de fortifier ce point de la côte, tant il était assuré que le sol foulé par nos soldats serait leur tombeau. Les habitants d'Alger partageaient la confiance de leur souverain. Lorsque la canonnade de Staouéli eut cessé de faire trembler les murs de leurs maisons, ils se livrèrent à une joie sauvage, persuadés que la victoire était à eux et que le massacre des nôtres commençait. Quelques Algériens, cependant, dans leur clémence, souhaitaient qu'on épargnât la vie d'un petit nombre de Français, et qu'on les envoyât au roi de France, après leur avoir coupé les oreilles. Ils caressaient ces beaux projets, lorsque les fuyards, accourant éperdus, pêle-mêle avec quinze cents blessés rapportés du champ de bataille, leur apprirent la vérité. Un jeune chirurgien allemand, depuis longtemps captif des Algériens, se vengea chrétiennement de ses persécuteurs en improvisant des ambulances pour les soigner, et en exploitant de son mieux les tristes ressources de la prévoyance et de la charité musulmanes. Il demanda des aides : le dey n'eut à lui offrir qu'une vingtaine de barbiers juifs ou maures auxquels il fallut tout d'abord donner la bastonnade, sinon pour leur inspirer la commisération envers les amputés, ce n'est pas l'office des coups de bâton, mais au moins à l'effet de modérer leur brutalité sauvage.

Une consternation tellement profonde succéda dans Alger aux cruelles joies de la victoire imaginaire dont les habitants s'étaient leurrés, que si le général en chef, a-t-on prétendu après l'événement, n'avait pas arrêté l'élan de son armée, il fût entré dans la place le soir même, sans coup férir.

On a dit la même chose de toutes les batailles gagnées sous les murs d'une ville fortifiée. Les vaincus se consolent volontiers de leur défaite en reprochant au vainqueur de ne pas les avoir assez bien battus, faute de coup d'œil et de vigueur. Ils exagèrent à plaisir la confusion de leur déroute pour railler la prudence de l'ennemi. Les émules du général en chef laissent dire ou font chorus : les frères d'armes se refusent difficilement le plaisir de diminuer la victoire dont ils n'ont été que les agents en sous-ordre; il ne leur déplaît pas de laisser croire que leur chef a manqué d'une audace que personne n'aurait eue, n'aurait dû avoir à sa place; car le succès même, cet arbitre souverain des jugements populaires, n'absout pas du reproche de témérité folle, aux yeux des gens sensés, les aventures qui réussissent contre les probabilités raisonnables. Le jour où le général Bourmont défit les Algériens à Staouéli, la mer n'avait encore permis de débarquer ni les canons de siége, ni le matériel du génie, ni même les chevaux de trait : les pièces de campagne avaient été traînées à bras sur le champ de bataille. M. de Bourmont, avant de marcher sur les défenses d'Alger, eut la sagesse d'attendre les moyens de vaincre une résistance qu'il devait prévoir, préférant un succès moins rapide, mais certain à la chance d'un revers qui pouvait dégénérer en désastre.

S'il est vrai que, dans la stupeur causée par le premier bruit de notre victoire, la milice turque était prête à rendre Alger à la première sommation, cet abattement extraordinaire fut de courte durée. Dans la nuit, une garnison de deux mille hommes de toutes races, de toutes couleurs, s'installait en dehors de la ville dans le fort de l'Empereur. Le lendemain, les Turcs, aidés par des nuées de Kabyles et d'Arabes, sous le commandement du bey de Titeri, battaient la campagne et harcelaient les campements français. Malheur à qui s'écarte de la route tracée depuis la plage où l'armée a débarqué et construit ses magasins encore mal pourvus; le dey achète à prix d'argent les têtes coupées. La mer a pris parti pour les Algériens : un coup de vent a dispersé la flotte, la tempête la tient éloignée de la côte. Bien en prit à l'intendant en chef de prévoir ce contre-temps, et de faire envelopper d'une étoffe imperméable les caisses et les tonneaux de vivres. Les matelots ne pouvant aborder, jettent à la mer les approvisionnements ; ils surnagent, et les flots déposent sur le rivage ces épaves d'un naufrage volontaire. Mais le matériel de guerre, mais les chevaux restent à bord; l'armée ne manque pas de vivres, les moyens d'action lui font défaut. Les Turcs, enhardis par notre temporisation forcée, nous attaquent nuit et jour. La division du duc d'Escars, la plus exposée, est décimée : le salut de l'armée est à la merci d'un coup de vent.

C'est pour l'historien le comble de l'art que de faire oublier au lecteur le dénoûment qu'il connaît, de le transporter au milieu même des événements, et de lui rendre l'anxiété et l'incertitude de l'action elle-même. M. Nettement a fait revivre avec tant de puissance les dix mortelles journées qui s'écoulèrent entre la bataille de Staouéli et la prise d'Alger, que l'on se demande s'il est bien sûr que l'armée française n'aura pas le sort de Charles-Quint, victorieux par les armes, puis vaincu par la tempête et forcé de se rembarquer tristement. Enfin la mer s'apaise, les batteries attelées sont au camp; le fort de l'Empereur est investi. L'amiral Duperré fait une démonstration à longue portée contre les batteries du port : diversion utile, mais trop vantée. On connaît le mot du général Valazé offrant de réparer pour sept francs cinquante centimes les dommages imperceptibles causés aux défenses d'Alger par les canons de la flotte. Les Turcs, après une vigoureuse résistance, font sauter la forteresse, dont les pierres, volant par la ville en éclats meurtriers, annoncent aux habitants qu'il est temps de capituler.

Quoique le blocus que la marine française avait maintenu pendant trois ans eût interrompu les incursions des pirates algériens, de nombreux captifs attendaient de nous leur délivrance : les uns enfermés dans le bagne d'Alger, les autres logés chez les consuls. L'armée française brisa les fers de quatre-vingt-six prisonniers français, et entre autres du lieutenant Bruat, réservé à une brillante carrière. Le brick le *Silène* qu'il commandait et *l'Aventure*, faisant tous deux parties de la croisière d'Alger, avaient échoué, le 30 mai 1830, sur la côte d'Afrique. Les poudres étant mouillées, les deux cents hommes d'équipages furent réduits à se rendre aux Kabyles. Ils demandèrent à être conduits à Alger, en se faisant passer pour Anglais. Le stratagème ne réussit pas longtemps : cent dix matelots furent égorgés; les autres, épargnés par les Kabyles, arrivèrent à Alger sur un ordre du dey; les têtes coupées de leurs camarades étaient exposées sur la petite place de la Casaubah, ce palais et cet antre, dit M. Nettement. Le lendemain, le dey fit largesse, il donna ces tristes trophées à la populace, qui les fit rouler comme des boules par les rues de la ville. Le consul de Danemark n'obtint qu'à prix d'argent que la sépulture serait accordée à ces débris humains.

L'histoire ne donnerait qu'une image incomplète de la vie si elle ne faisait succéder le plaisant à l'horrible. Le drapeau blanc flottait sur les ruines du fort de l'Empereur, et, comme pour mieux marquer notre prise de possession, la gaieté française se signalait déjà. Le se-

crétaire du dey s'était présenté devant le général en chef et son état-major pour traiter de la reddition de la ville; les canonniers algériens, sans se soucier de la négociation commencée, continuaient de tirer sur le groupe des grosses épaulettes : un boulet vint à siffler aux oreilles du parlementaire, qui, dans son épouvante, se laissa tomber à terre, et aussitôt le général Lahitte, le relevant brusquement : « Parbleu, mon-
« sieur, de quoi vous mêlez-vous? cela ne vous regarde pas, ce n'est
« pas sur vous que l'on tire! »

Le secrétaire du dey, médiocrement rassuré, était rentré dans la place sans avoir rien obtenu. Deux des plus riches Maures d'Alger, Ahmed-Bou-Derbah et Hassan-Ben-Othman-Klodja, lui succédèrent et vinrent traiter de la paix au nom d'Hussein-Pacha. Écoutons ces diplomates, ou plutôt laissons parler M. Nettement, qui, sans affecter la recherche de la couleur locale, n'oublie aucun des traits caractéristiques des mœurs et de la politique algériennes.

« Croyant apercevoir que la rigueur des conditions imposées par le commandant en chef tenait aux torts du dey envers la France, Bou-Derbah dit au général de Bourmont que, si cela lui faisait plaisir, on irait lui chercher la tête du dey, et qu'on la lui présenterait sur un plat. — Cela ne me ferait pas le moindre plaisir, répliqua en souriant le comte de Bourmont, un peu surpris de cette brusque proposition empreinte des idées et des mœurs de l'Orient. On eut quelque peine à faire comprendre à cet étrange plénipotentiaire, qui, chargé de traiter de la paix, par et pour son maître, proposait de la signer sur son cadavre, que le roi de France prenait les villes et non les têtes de ses ennemis. »

Le dey d'Alger était servi, comme le sont les tyrans, par des ministres rampants et perfides, toujours prêts à trouver dans leurs fonctions mêmes l'occasion de se venger de leur servilisme par la trahison. Ils offraient de jeter la tête de leur maître comme un appoint dans la balance des traités; le souverain, de son côté, faisait bon marché de la vie de ses sujets.

Alger avait capitulé; le dey était destitué de son odieuse puissance. Avant de s'embarquer pour Naples avec son harem et sa cassette particulière, il vint prendre congé du général en chef, qui habitait la Casaubah; la lie du peuple, se glissant à la suite de son ancien maître dans les appartements occupés par les officiers de l'état-major général, fit main basse sur les objets précieux. M. Nettement, dans son zèle pour la vérité, énumère les précautions minutieuses qui avaient été prises par l'administration de l'armée pour mettre à l'abri de toute chance de détournement les cinquante-deux millions qui formaient le trésor de la Casaubah : les scellés apposés sans délai et placés sous la garde d'un piquet de gendarmerie; plus tard, lorsqu'on dressa l'inventaire, les lingots et les pièces de monnaie pesés, mis en sac et en caisse, puis étiquetés par des officiers d'état-major. Le prétendu pillage de la Casaubah n'en fit pas moins, en 1830 et depuis, un des beaux scandales du siècle. Les passions contre le gouvernement du roi étaient assez violentes pour qu'une énormité quelconque lancée au hasard, sans prétexte ni apparence, fût assurée de faire son chemin. Cependant, si l'on voulait remonter aux circonstances qui ont accrédité cette grosse calomnie auprès des gens abusés, il faudrait tenir compte de ce vol commis par des Algériens au détriment de ceux-là même qui furent accusés d'avoir été les voleurs. Le dey d'Alger averti des larcins commis par sa suite improvisée, fit fouiller tous les Maures présents, et dit à M. de Bourmont qu'il ne lui enverrait désormais que des hommes de confiance dont il lui donnerait les noms, le priant instamment, s'il s'en présentait d'autres, de leur faire couper immédiatement la tête. Le général en chef, observe M. Nettement, eut « quelque peine à se défendre contre cette insistance polie, et à faire « comprendre au dey que la justice française n'admettait point les pro- « cédés sommaires de la justice turque. »

Couper des têtes, c'était l'alpha et l'oméga de la diplomatie, de l'administration, de la politique algérienne. Hussein-Pacha, qui léguait, en partant, les conseils de son expérience au général français, passait pour un souverain plein de mansuétude, par comparaison avec ses féroces prédécesseurs. On racontait de lui cependant, entre autres traits franchement algériens, qu'un jour, jouant aux échecs avec l'aga de la milice, son parent, il avait tout d'un coup interrompu la partie pour le faire étrangler, sur un soupçon qui vint à traverser son esprit troublé, non par le remords de ses forfaits, mais par la peur des représailles.

Avoir détruit ce repaire de tigres et de loups, avoir coulé bas le dernier des pirates, affranchi le dernier esclave chrétien, aboli le tribut honteux que les puissances civilisées payaient à la tyrannie barbaresque, quel triomphe de la plus juste des causes! L'orgueil national s'est exalté souvent pour des guerres moins légitimes et moins profitables à l'humanité. La rapidité et l'éclat du succès avaient confondu les appréhensions sincères ou simulées des adversaires de l'expédition. Des dépouilles opimes, un lourd trésor, des approvisionnements de toute espèce, dix-neuf cents canons, dont plus de la moitié en bronze, les frais de la guerre payés et au delà par les fruits de la victoire, n'était-ce pas assez pour satisfaire ceux qui n'apprécient, en toute chose, que les résultats matériels et jugent la justice des entreprises à la masse et au poids du butin?

Le gouvernement du roi avait triomphé de la résistance des corps spéciaux et surmonté le mauvais vouloir de l'Angleterre; mais il ne put vaincre l'antipathie de l'opinion publique. La nouvelle de la prise d'Alger excita en France peu de reconnaissance et nul enthousiasme populaire.

Lorsque le duc d'Angoulême était venu à Toulon passer en revue la flotte prête à faire voile pour l'Afrique, il avait été froidement accueilli par les habitants de la ville. M. d'Haussez a écrit dans ses Mémoires qu'on attribua, avec assez de raison, l'extrême réserve du public au refus du prince de « faire son entrée à cheval. Les princes, ajoute le « ministre, ne devraient jamais oublier que le peuple aime les spectacles « et que leur présence en était un, et leur tient compte de l'éclat et de « l'apparat dont ils s'entourent, et des occasions qu'ils cherchent de le « voir et d'être vus de lui. M. le Dauphin put s'en apercevoir aux ac-« clamations que sa présence excita lorsque, le surlendemain, il sortit à « cheval pour passer en revue la première division de l'armée d'expé-« dition. » Nous laissons à M. d'Haussez la responsabilité de cette théorie un peu dédaigneuse à l'endroit des ovations populaires. Elle a du vrai : cependant il ne faut pas trop s'y fier. A certains jours, l'enthousiasme public résiste aux exhibitions les plus éblouissantes des pompes officielles : le *Te Deum* pour la prise d'Alger fut célébré, dans la cathédrale de Paris, avec une splendeur royale; douze carrosses dorés, traînés chacun par huit chevaux caparaçonnés, défilèrent solennellement sous les yeux du peuple, et « cependant tout était morne et silencieux « autour du cortège (c'est M. d'Haussez qui le constate tristement). « Quelques cris, évidemment achetés, partis des groupes isolés, au « milieu d'une population impassible, firent tous les frais de la joie pu-« blique. » Les ennemis acharnés du ministère n'avaient vu qu'un expédient de circonstance, une manœuvre électorale dans cette guerre, résolue depuis trois ans et commandée par l'honneur national aussi bien que par l'intérêt du monde civilisé. Ils se fussent consolés d'un revers qui eût entraîné un changement de cabinet et de politique, ils s'inquiétèrent d'une victoire qui semblait affermir M. de Polignac au pouvoir et faciliter le coup d'État dont l'insuccès amena la révolution de 1830.

Les chutes soudaines abondent dans cette histoire. Le maréchal de Bourmont, sans pouvoir encore se former une idée précise de l'étendue et de la forme qu'il conviendrait de donner à la domination française en Afrique, avait fait occuper Bone et Oran, et avait institué le bey de Titeri au nom du roi de France, Charles X le Victorieux. C'est dans les derniers jours du mois de juillet 1830, remarque M. Nettement, « que « le bey d'Oran reconnaissait recevoir du roi de France, Charles X le « Victorieux, l'investiture du beylik. Toutes les décisions de la for-« tune, cet aveugle instrument de la Providence, ajoute-t-il éloquem-« ment, et toutes les vanités des choses humaines, sont écrites dans ce

« rapprochement que l'histoire rencontre, sans le chercher, au détour
« d'un récit de guerre et d'administration, comme une de ces croix
« qui, placées au bord d'une route, font songer le voyageur ému aux
« choses qui passent et aux choses qui demeurent. »

II

Le gouvernement du roi Charles X, avant de tomber, eut le temps de décider que la France, non contente d'avoir détruit la piraterie algérienne, conserverait les États du dey d'Alger. Cette résolution fut prise en conseil des ministres, vers le 20 juillet 1830. C'est une des importantes révélations que l'histoire doit à M. Nettement.

La Restauration léguait à la royauté nouvelle un glorieux mais mystérieux problème. Le prestige de l'inconnu, qui avait été pendant trois cents ans le grand boulevard d'Alger et de la côte d'Afrique, recouvrait d'ombres plus épaisses l'intérieur du pays. Lorsqu'il s'agit de conquérir ou de soumettre un pays exploré déjà, et siège d'une civilisation analogue à celle du peuple envahisseur, le vainqueur connaît à l'avance l'usage qu'il peut faire de ses succès. Éclairé par l'histoire, par la connaissance des mœurs, du gouvernement, de la religion, il sait dans quelle mesure ses propres institutions peuvent s'adapter à la domination nouvelle qu'il veut établir. Mais personne, dans l'armée qui s'empara d'Alger, ne possédait aucune de ces données nécessaires. Nous n'avions pas seulement à conquérir l'Algérie, il nous fallait la découvrir. Les premières années de notre séjour se passèrent en reconnaissances.

L'Algérie est aujourd'hui, pour ainsi dire, passée dans les mœurs de la France. Elle se reflète jusque dans le costume de tous les jours; les hommes portent des cabans et les femmes des burnous. Les arts, le théâtre, la littérature légère aussi bien que les études savantes, ont trouvé dans les mœurs et l'histoire de l'ancienne régence une mine de trésors pittoresques et d'instruction. Je ne parle pas des récentes expositions de l'agriculture et de l'industrie qui ont étalé à nos yeux les richesses acquises et les espérances du sol algérien, aussi bien que les produits somptueux ou naïfs du travail indigène. L'esprit et les yeux rebattus de tant de souvenirs, de tant de spectacles, nous avons peine à nous représenter l'ignorance profonde des hommes et des choses qui pesait fatalement sur les vainqueurs d'Alger.

Aucun de ces avant-coureurs de la civilisation que la religion, la science ou le commerce ont coutume d'envoyer aux nations barbares, n'avaient franchi l'Atlas. Tandis que les continents les plus reculés étaient parcourus et étudiés par des voyageurs d'élite, l'intérieur de la régence restait fermé à toute investigation approfondie. Le dépôt du ministère de la guerre avait été mis à contribution, et ces archives renommées de la géographie et de la statisque militaire n'avaient produit qu'une sorte de *guide du voyageur*[1] sur les côtes d'Afrique, un manuel superficiel à l'usage des touristes. On y avait joint un album de costumes indigènes et de paysages. Mais on ne conquiert pas, on ne gouverne pas des nations inconnues avec des impressions de voyage. En 1830, en fait de carte militaire, on ne possédait qu'une reconnaissance fautive des côtes et des environs d'Alger, faite en 1805. La Mitidja était aussi inconnue que Tombouctou. Quelques vieux interprètes de l'expédition d'Égypte, gens de cœur, mais hors d'âge, parlaient seuls l'arabe. Toutes les données qu'on croyait posséder sur le pays, on les devait à des récits surannés ou incomplets, écrits par des captifs qui n'étaient pas sortis d'Alger, par des religieux qui avaient visité les bagnes au péril de leur vie, par des consuls qui ne savaient que par ouï-dire tout ce qui dépassait l'horizon étroit de leur résidence. On n'ignorait pas que les villes, les plaines, les montagnes de l'Algérie étaient habitées par des races diverses, Turcs et Koulouglis, Maures ou Hadards, Juifs, Arabes, Kabyles. Déjà on savait estropier leurs noms; mais l'obscurité la plus profonde et la plus difficile à pénétrer enveloppait les mœurs intimes, le génie particulier, les relations des diverses races. L'organisation de la propriété musulmane, si confuse en fait, si compliquée en droit, les idées, les sentiments, les intérêts, tous les éléments, en un mot, qui rendent les hommes susceptibles d'être bien ou mal gouvernés, tactique et politique, administration, hygiène, il nous a fallu tout apprendre, et nous avons dû tout traiter avant de rien connaître. Ce procédé peu méthodique ne devait pas manquer d'engendrer beaucoup d'erreurs et de méprises.

Le général Clausel, qui remplaça en 1830 le maréchal de Bourmont, avait eu le mérite de comprendre que la question d'Alger n'était pas exclusivement militaire, et que la guerre, pour les nations civilisées, n'est jamais un but, mais un moyen héroïque d'organisation. Comme la France n'était pas venue en Afrique pour en faire un sépulcre, mais bien pour soumettre les indigènes à une domination meilleure que celle des Turcs, il s'agissait, avant tout, de trouver la base et la forme de cette domination, quitte à l'imposer par les armes à défaut d'autres moyens plus efficaces d'influence.

Le général Clausel pensa que, au lendemain d'une révolution, le nouveau gouvernement de la France n'avait pas la liberté de pensée et d'action nécessaire pour s'occuper sans relâche et sans diversion d'assujettir l'Algérie à ses lois, et que d'ailleurs nous connaissions trop peu

---

[1] *Aperçu historique, statistique et topographique sur l'État d'Alger.*

la société arabe pour entreprendre de la gouverner par nous-mêmes. Il n'était pas vraisemblable que des musulmans consentissent de bonne grâce à payer tribut à un souverain infidèle. L'impôt, moins important comme ressource financière que comme gage de soumission, semblait une inévitable cause d'hostilités. Or la royauté nouvelle, assaillie par des troubles intérieurs et menacée d'une guerre continentale, devait s'asseoir et se fonder avant de prétendre s'agrandir. Voulant tout à la fois esquiver la nécessité d'une lutte intempestive, réserver, pour l'avenir, les droits que la prise d'Alger nous avait donnés sur l'Algérie et faire cesser l'anarchie dans laquelle la chute des Turcs avait plongé les Arabes, le général Clausel eut l'idée de restreindre notre empire direct à la ville et au territoire d'Alger et de passer la procuration de la France à un souverain musulman qui, se reconnaissant notre vassal et nous payant tribut en cette qualité, se chargerait de gouverner le reste de l'Algérie pour notre compte, sous notre influence et notre protection.

Il s'agissait, dans ce système, de choisir un mandataire qui ne fût ni trop faible ni trop puissant. Trop faible, il n'aurait su ni créer ni maintenir l'autorité que la France lui déléguait. Trop puissant, il ne dépendait que de lui d'usurper la place de son seigneur. Le sultan de Constantinople et l'empereur de Maroc étaient donc hors de concours. Le premier eût pris pour un hommage rendu à ses droits l'offre de gouverner le pays dont il avait possédé et dont il réclamait la suzeraineté pour lui-même. Le second, joignant le prestige religieux d'un descendant du Prophète au pouvoir politique le plus monstrueux, et déjà maître d'un vaste empire contigu aux États que nous lui aurions confiés, eût été trop violemment tenté d'effacer une ligne de démarcation qui n'aurait eu que la frêle garantie de sa bonne foi. En cas de félonie, cas très-probable, il eût été difficile de l'atteindre dans sa capitale, enfoncée dans une région inexplorée ; enfin, dernière et suffisante objection, les Arabes, tout habitués qu'ils avaient été par les Algériens à l'oppression la plus dure, eussent peut-être perdu au change s'ils fussent tombés dans les mains des Marocains. Le bey de Tunis n'avait aucun de ces inconvénients. Limitrophe de la province de Constantine, que nous ne possédions pas encore, mais que nous considérions comme une dépendance de notre conquête d'Alger, il était assez fort pour se faire respecter par les Arabes, et en même temps trop vulnérable, grâce à la situation maritime de sa capitale, pour être tenté de déchirer le mandat temporaire que nous lui aurions donné. Musulman très-orthodoxe, mais à demi civilisé par les relations diplomatiques et commerciales qu'il entretient avec la plupart des nations de l'Europe, puissance presque italienne, selon l'expression de M. Thiers, le bey de Tunis avait ce double avantage, de ne pas froisser la conscience religieuse des Arabes et de les soumettre à un joug moins lourd que l'ancienne tyrannie algérienne. L'influence française eût d'ailleurs adouci, dans l'occasion, la rudesse de tout gouvernement musulman abandonné à son propre génie.

Le général Clausel s'adressa donc au bey de Tunis, qui accepta ses offres, promit de payer tribut au roi de France, suzerain de l'Algérie, se chargea de gouverner en notre nom la province d'Oran, ainsi que la plus grande partie du territoire d'Alger, et s'engagea même à s'emparer, à ses risques et périls, du beylik de Constantine pour le régir aux mêmes conditions[1].

A cette époque, aucun érudit n'avait encore recherché dans l'histoire les traces des dominations régulières qui nous ont précédés en Afrique. M. Dureau de la Malle n'avait pas publié son *Manuel algérien*. Personne avant lui ne s'était avisé de rassembler et de commenter les écrits de Salluste, de Tacite, d'Ammien Marcellin, de Procope, au point de vue de la conduite militaire et politique que nous avions à tenir pour conquérir et soumettre l'Algérie. L'archéologie ainsi traitée n'est pas un vain amusement de l'esprit. Les officiers qui ne croient pas déroger en cultivant les lettres ont puisé à l'école de Marius, de Théodose, de Bélisaire, des conseils très-pratiques, et donné tort, par le profit qu'ils ont tiré de cette étude, à la sceptique maxime de Schlegel : « L'utilité de l'histoire est de prouver l'inutilité de l'expérience. »

Le général Clausel n'avait eu ni l'occasion ni le loisir de se livrer à des recherches profondes sur les antécédents historiques de la question algérienne. Mais, de même que l'immutabilité des sentiments et des passions décrits par les écrivains de tous les âges et de tous les peuples produit, entre les diverses littératures, des rencontres fortuites et des plagiats involontaires, la similitude des situations amène en politique des imitations spontanées. Abd-el-Kader, sans avoir aucune prétention archéologique, fut conduit, par le soin intelligent de sa défense, à relever, sur les confins du désert, les ruines des stations militaires des Romains. De même le général Clausel, en proposant à la France de céder pour un temps la plus grande partie de l'Algérie à un souverain tributaire, à un *roi préfet*, comme dit Tacite, reproduisait, sans le savoir et par l'inspiration naturelle d'un esprit sagace, un système de transition appliqué souvent par les Romains aux pays qu'ils voulaient conquérir progressivement, et particulièrement en Afrique. Scipion l'Africain, après avoir vaincu et pris Syphax, l'un des puissants alliés de Carthage, donna ses États à Mas-

---

[1] Voir *Observations du général Clausel sur quelques actes de son commandement à Alger*, Paris, 1831 ; et *de la Régence d'Alger*, par Eugène Cavaignac, chef de bataillon en non-activité. Paris, 1839, p. 11 et suiv.

sinissa, roi de Numidie, ami des Romains. Lorsque Adherbal, petit-fils de ce dernier, ayant été dépossédé par Jugurtha, vint réclamer la protection et la vengeance du sénat romain : « Pères conscrits, disait-il, Micipsa, mon père, me recommanda en mourant de me regarder comme l'administrateur et vous comme les vrais maîtres, comme l'unique souverain du royaume de Numidie; de m'attacher à servir le peuple romain de tout mon pouvoir, soit dans la paix, soit dans la guerre. » Les Anglais dans les Indes ont souvent institué des rois feudataires pour étendre peu à peu, et par transitions graduées, leur propre domination.

Si l'on se reporte aux circonstances qui pesaient en 1830 sur le gouvernement du roi Louis-Philippe, le plan du général Clausel, proposé, je ne dis pas comme solution définitive, mais à titre d'expédient provisoire, avait assurément son côté spécieux. Déjà les Tunisiens avaient été mis en possession d'Oran ; mais le général Sébastiani, ministre des affaires étrangères, considérant que la conclusion d'un traité diplomatique par un militaire sans mission spéciale empiétait sur les attributions de son département, s'opposa à la ratification des conventions acceptées par le bey de Tunis. Le général Clausel fut rappelé en France, et ses successeurs se trouvèrent face à face avec les Arabes. Forcée de recourir à des intermédiaires compromettants ou de mauvais conseil, l'autorité française ne sut guère ce qu'elle voulait ni ce qu'elle pouvait tenter pour apprivoiser ou dompter les indigènes. Le gouvernement d'Alger usa en quatre ans quatre généraux : le général Berthezène, le duc de Rovigo, les généraux Voirol et comte d'Erlon, sans compter les gouverneurs par intérim.

Il est aisé de critiquer le passé en s'autorisant de l'expérience produite par les fautes mêmes dont on fait un texte de reproches. C'est la coutume de l'esprit de parti. M. Nettement, plus équitable, se contente de relever pour l'exemple les erreurs commises pendant les premiers temps de notre séjour en Afrique. Les ennemis de la royauté attribuèrent à une condescendance pusillanime envers l'Angleterre l'indécision de notre conduite en Algérie; ils accusèrent la Restauration d'avoir pris l'engagement de ne pas conserver Alger, et la monarchie nouvelle d'avoir ratifié cette promesse d'abandon. Le reproche était bien inventé, il aurait fait coup double sur les deux branches royales s'il n'eût porté à faux. La France était parfaitement libre de disposer de son plein gré de sa conquête; mais elle ne savait pas, elle ne pouvait savoir quel parti il était le plus expédient d'en tirer. Se contenterait-on d'établir à Alger et dans les villes de la côte un poste militaire et une station maritime, ou bien, unissant l'intérêt commercial à l'intérêt politique, s'appliquerait-on à faire de cette possession un comptoir d'échange? L'Algérie se prêterait-elle à de plus vastes desseins ? Était-elle propre à devenir une colonie proprement dite, c'est-à-dire une succursale et un supplément de la mère patrie ? Dans ce cas, quelles seraient les limites et les bases de la colonisation ? Fallait-il voir dans les indigènes des ennemis à vaincre ou des alliés à ménager ? Tous les avis étaient ouverts, tous étaient également proposables et incertains, car ils s'agitaient dans une commune ignorance du terrain, du climat et des hommes. La présence d'une armée d'infidèles était par elle seule un ferment d'irritation, une cause de soulèvement. Il était donc inévitable que l'Algérie fût étudiée les armes à la main et que les explorations et les enquêtes, entreprises par nos généraux, dégénérassent en une suite de combats.

La France déclara, de propos délibéré, et fit résolûment la guerre aux Algériens. Elle voulut vivre en amie avec les Arabes qu'ils opprimaient ; la lutte longue et acharnée que notre armée a soutenue contre ces derniers et leur chef, Abd-el-Kader, est sortie précisément des traités que nous avions conclus pour garantir la paix. Ce résultat involontaire ne tourne pas à la gloire de notre diplomatie, mais il venge les gouverneurs de l'Algérie du reproche qu'on ne leur a pas épargné d'avoir guerroyé au hasard et par plaisir, par un puéril et atroce amour de la gloriole et des grades.

Les Turcs d'Alger appliquaient au gouvernement des Arabes le même esprit politique qu'ils suivaient sur mer. Ils divisaient et corrompaient pour pressurer. A mesure que les forbans, compagnons des deux Barberousse, s'étaient étendus en Algérie, ils avaient choisi les tribus les plus guerrières pour se les attacher sous le nom de *maghzen*, leur donnant part de la redevance annuelle qu'il les chargeaient de prélever sur les indigènes, et du butin fortuit. « Je suis le berger, disait l'homme du *maghzen*, j'ai le droit de traire la vache et de boire le lait. » Loin de pacifier les différends que la culture ambulatoire et la vie pastorale pratiquée par les Arabes suscitent fréquemment sous les pas du laboureur et des troupeaux, les Turcs entretenaient ces occasions de lutte afin d'affaiblir une population trop redoutable si elle eût ajouté la cohésion au nombre ; le sabre ou le poison faisaient justice de tout chef de grande famille soupçonné de vouloir étendre son influence au delà de sa propre tribu.

Quelques milliers de soldats turcs et d'auxiliaires indigènes exploitaient à merci un million d'Arabes. Des gens prompts à juger sur l'apparence ont admiré l'économie de ressort du gouvernement algérien et ont trouvé la France bien malhabile d'avoir employé tant de soldats à vaincre et à dominer un pays que le dey administrait si facilement. On oubliait par quels inimitables procédés, par « quelle intensité de cruauté[1] les Turcs compensaient leur petit nombre. » Pré-

[1] *De la Régence d'Alger*, p. 30.

lever l'impôt, c'était toute la philosophie de leur gouvernement, le but unique d'une organisation qui n'était rien qu'une échelle d'extorsion. Loin de chercher à développer les ressources du pays, ces tyrans, ennemis nés de leurs sujets, craignaient qu'ils ne devinssent trop heureux, trop riches, trop puissants : ils retranchaient par le feu, par le massacre, par la confiscation, tout développement inquiétant de population et d'aisance. Aussi les Arabes, ne jouissant d'aucune sécurité et craignant d'offrir trop de prise aux spoliations d'un maître détesté, ne travaillaient-ils que pour subsister misérablement.

Certes, la France de 1830 pouvait, sans fatuité nationale, opposer avec quelque orgueil ses lois et ses mœurs à un pareil régime. Elle avait le droit d'annoncer aux races asservies par les Algériens son avénement en Afrique comme un bienfait et une délivrance. M. de Bourmont ne fut pas si malavisé que de confondre dans le même traitement les tyrans et leurs victimes. Fidèle aux instructions qu'il avait reçues du gouvernement de la Restauration, il manifesta aux Arabes l'intention de vivre en paix avec eux et de les protéger. Lorsque, voulant reconnaître les environs d'Alger, il conduisit à Blidah une promenade militaire, il s'était fait précéder de proclamations bienveillantes. Les Maures et les Juifs, habitants de la ville, crurent à ses promesses et accueillirent avec joie l'armée française; les Arabes et les Kabyles l'attaquèrent avec fureur. Ainsi commencèrent des hostilités qui, une fois engagées, ne s'arrêtèrent plus qu'à de courts intervalles. Nous eûmes à lutter contre une population heureuse d'avoir échappé au joug des Turcs, mais travaillée de ce besoin d'agitation qui suit les longues oppressions, et d'ailleurs animée contre les nouveaux maîtres d'Alger de toutes les antipathies et de toutes les haines qui tiennent à la différence de religion et de nationalité.

La violence de la tyrannie n'est pas la sauvegarde infaillible de l'ordre. Les Turcs avaient eu à lutter, dans la province d'Oran, contre de fréquentes révoltes. Meï-ed-Din, marabout vénéré et chef d'une famille puissante, préparait un nouveau soulèvement, lorsque Alger tomba entre nos mains. Après avoir détruit le gouvernement algérien, nous l'avions avec plus ou moins de bonheur remplacé dans le petit nombre des villes que nous occupions. Mais les tribus arabes, n'obéissant à personne, étaient plongées dans le chaos. Il n'est point de peuple qui ne préfère le pire des gouvernements au malheur de n'en n'avoir aucun. Meï-ed-Din le savait. L'autorité nouvelle dont les Arabes allaient bientôt sentir la nécessité, il résolut de la fonder sur les deux plus larges et les plus solides assises de tout gouvernement : la communauté de religion et de race. Trop vieux pour accomplir lui-même ce grand dessein, il le confia à son second fils, Abd-el-Kader, qu'une révélation divine lui avait désigné, disait-il, comme le chef du peuple arabe, le prince des croyants, le sauveur du mahométisme.

A peine reconnu par quelques tribus de la province d'Oran, et entre autres par les deux plus puissantes, les Hachems, dont il était originaire, et les Beni-Amer, Abd-el-Kader resserra le blocus d'Oran. La garnison française n'avait encore tenté que de prudentes sorties en dehors des remparts. Un nouveau commandant, le général Desmichels, osa faire une campagne; il occupa le port d'Arzew ainsi que la ville de Mostaganem, et battit Abd-el-Kader dans plusieurs rencontres.

Le général Desmichels, vieux soldat de l'armée d'Égypte, rassasié de combats, sachant se battre à propos (il venait de le prouver), mais âme honnête, incapable de prolonger les hostilités par ambition personnelle, voulut atteindre, pour nous servir de ses propres expressions, « un but non moins noble que la guerre, mais plus utile à l'humanité, plus digne aussi de la mission qui lui était confiée, celui de la pacification du pays [1]. » Le feudataire habile, puissant et loyal que le maréchal Clausel avait pensé trouver parmi les princes de Tunis, le nouveau commandant d'Oran crut le découvrir dans Abd-el-Kader. « L'esprit élevé de ce jeune chef, son énergie, la grande influence qu'il exerçait sur les Arabes par sa naissance, par le respect dont il était entouré en sa qualité de marabout et par la vénération attachée au nom de son père, » tous ces mérites et tous ces avantages avaient fixé le choix du général français, qui, après l'avoir accablé de la supériorité de ses armes, n'éprouvait nul embarras à lui offrir la paix. Abd-el-Kader, vaincu, ne se fit pas longtemps prier pour signer un traité plus profitable que la victoire elle-même.

Déjà maître de Mascara et de Tlemsen, sauf la citadelle, il avait fait reconnaître son pouvoir religieux par la plupart des tribus de la province; mais les Douairs et les Smélas, qui, sous les Turcs, formaient le *maghzen*, refusaient d'accepter sa loi et de lui payer l'impôt. Leur chef, Mustapha-ben-Ismaël, Turc d'origine, après nous avoir fait la guerre pour son propre compte et s'être mis un moment à la suite d'Abd-el-Kader contre certaines tribus afin de satisfaire des inimitiés personnelles sur des ennemis communs, s'abandonna bientôt à sa jalousie envers cet ambitieux, à son mépris inné pour ce parvenu sorti d'une race qu'il considérait comme inférieure. Attaqué par Abd-el-Kader, il le battit avec délices, lui tua trois cents quarante de ses meilleurs soldats, lui prit ses drapeaux, ses tambours, sa musique, ses tentes, ses propres chevaux, tout sellés et ses mulets chargés de bagages. L'émir eut deux chevaux tués sous lui et fut réduit, dans sa détresse, à enfourcher un âne pour s'esquiver nuitamment. « Le vois-tu, écrivait Sidi-Mazary, « l'un des vainqueurs, au général Desmichels; le vois-tu fuyant sans selle

---

[1] *Oran sous le commandement du général Desmichels.* Paris, 1855.

« et sans bride sur cette monture ? Nous sommes partis sains et saufs
« et enrichis. Dieu soit loué ! »

L'influence d'Abd-el-Kader faillit être renversée par ce désastre. C'en était fait de sa fortune si le général Desmichels, esclave du traité qu'il avait conclu, et craignant, pour répéter ses propres paroles, qu'Abdel-Kader ne se « laissât aller aux impressions du moment et qu'il ne compromît ainsi *une puissance créée par nous*, ne lui avait écrit pour l'encourager et pour lui faire comprendre qu'avec la protection de la France il ne devait désespérer de rien. » Le général français fit délivrer à son allié quatre cents fusils et plusieurs quintaux de poudre, lui promit son concours et lui traça le plan de campagne qu'il devait suivre.

Une intervention directe des troupes françaises eût tiré Abd-el-Kader du péril présent, mais au dépens de l'avenir. Elle eût constaté aux yeux des indigènes l'insuffisance de ses ressources personnelles. Le général Desmichels ne prit pas l'offensive contre les ennemis d'Abd-el-Kader, qu'il considérait comme ceux de la France; il se contenta de les inquiéter en plaçant à Misserghin un camp d'observation.

Abdel-Kader osa remonter à cheval; il suivit les habiles conseils de son Mentor et fit payer cher aux Douairs, aux Smélas et à leurs alliés la joie insultante de leurs premiers succès. Habitué à voir le troupeau de ses partisans grossir ou diminuer selon le souffle des événements, le prince des croyants fut surpris, et reconnaissant d'avoir trouvé dans le général français un allié dont la fidélité ne dépendait pas des circonstances; il parut décidé à contracter avec la France l'amitié la plus étroite. Il demandait à envoyer un ambassadeur au roi Louis-Philippe et à le faire escorter par les fils ou les plus proches parents des personnages les plus considérables de la province, afin de les compromettre, disait l'émir, aux yeux des fanatiques. Il prodiguait l'encens à notre civilisation; les officiers français qui résidaient auprès de lui, à Mascara, avaient peine à satisfaire l'ardeur studieuse de ce brillant disciple, qui fit trop tôt et trop longtemps l'école buissonnière. Abd-el-Kader sollicitait l'autorisation d'entretenir à ses frais, à Marseille, une pépinière d'Arabes dont il voulait faire des chefs d'atelier et les contre-maîtres des manufactures et des usines africaines.

La conduite de l'émir répondait à ses paroles ; il accédait à tous les bons conseils du général Desmichels, et s'appliquait à réformer, en imitant nos lois, les vices de la société arabe. Les juges indigènes vendaient scandaleusement la justice ; l'émir ordonna que les cadis et les muphtis recevraient, de ses propres mains, un traitement fixe, et que les justiciables n'auraient plus à leur offrir des présents corrupteurs. Le patrimoine des orphelins était au pillage ; l'administration en fut sévèrement régularisée. En 1834, le gouvernement français songeait à intervenir en Espagne; Abd-el-Kader, trop pauvre pour entretenir loin de son territoire un corps de troupes, mais avide de donner à la France les preuves les plus éclatantes de son bon vouloir, proposa de nous fournir, pour cette expédition, et de mettre à notre solde deux à trois mille cavaliers. Peu s'en fallut qu'il ne ménageât aux fils des anciens dominateurs de l'Espagne cette humiliation profonde de revoir les murs de Séville et de Cordoue sous les drapeaux et aux gages des chrétiens. Ce n'était pas assez d'une alliance politique scellée par tant de témoignages; Abd-el-Kader, raconte le général Desmichels[1], voulut donner lui-même un grand exemple. Il me fit exprimer « par son ami Ben-Aratch le désir qu'il avait de se marier à une Française, et, afin qu'elle pût suivre sa religion, une chapelle aurait été construite à la casbah de Mascara, desservie par un aumônier. Cette église, disait-il, servira aux chrétiens que des missions politiques ou des affaires particulières appelleraient dans cette résidence. »

Ces projets de mariage entre prince africain et princesse ou femme française ne sont pas sans antécédents. L'empereur du Maroc, Muley-Ismaël, sur la relation que son ambassadeur lui avait faite de la façon galante dont une des filles de Louis XIV, mademoiselle de Blois, dansait le menuet, avait aspiré avec un grand sérieux à la main de cette princesse. On ne dit pas qu'Abd-el-Kader porta si haut ses vues; mais, dans quelque condition de la société française qu'il eût choisi la jeune chrétienne qu'il voulait épouser, il ne pouvait pas donner de gage plus hardi, on pourrait dire, au point de vue musulman, plus cynique, de son entraînement vers la France. Le général Desmichel n'avait qu'une inquiétude, c'était de ne pas avoir procuré assez de puissance à cet ami enthousiaste des institutions, des idées et des mœurs françaises; il usait de son crédit pour étendre sur la province d'Alger l'empire d'Abd-el-Kader; mais le comte d'Erlon, gouverneur de l'Algérie, ne partagea pas la confiance du commandant d'Oran. Celui-ci demanda son rappel, et fut remplacé par le général Trézel, brave et malheureux champion d'une politique mieux avisée.

La première alliance conclue entre la France et Abd-el-Kader fut rompue. L'émir n'avait pas su garder à son service les Douairs et les Smélas; ils s'étaient révoltés contre lui et étaient venus se jeter aux pieds du général Trézel, nous offrant, en échange de notre protection, leur habitude séculaire de la guerre indigène, un grand prestige militaire et la carte du pays. Le général Trézel leur tendit la main, et, par le traité du Figuier (16 juin 1834), les prit à la solde de la France. Ils devinrent dès lors de valeureux et fidèles auxiliaires de notre

---

[1] *Oran sous le commandement du général Desmichels*, p. 176.

armée. Leur chef, Mustapha-ben-Ismaël, très-supérieur au régime turc dont il fut l'instrument, avait été surnommé par les Arabes, aux temps de sa pleine puissance, Mustapha *la Justice*. Il mourut dans nos rangs, revêtu, pour l'avoir mérité, du titre de général français.

La guerre ne tarda pas à éclater entre Abd-el-Kader et le général Trézel, qui se mit en marche sur Mascara. Ne connaissant point le terrain, trompé ou trahi par ses guides, se défiant malencontreusement des Douairs qui voulaient le remettre dans le bon chemin, accablé par le nombre des ennemis, le général Trézel essuya un grave échec dans les marais de la Macta, passage dangereux où six mille Espagnols avaient, dans les guerres du seizième siècle, péri jusqu'au dernier homme. On dédaignait trop Abd-el-Kader après avoir tant favorisé ses progrès. « Pour lutter avec lui, il fallait déjà un corps d'armée, et le général Trézel n'avait qu'une garnison [1]. »

L'affront de la Macta fut vengé par le maréchal Clausel, promu une seconde fois, en 1835, au commandement de l'Algérie. Accompagné du duc d'Orléans, qui fit dans cette campagne ses premières armes en Afrique, il poussa jusqu'à Mascara une course victorieuse et incendia les faubourgs de la capitale de l'émir. Les Koulouglis, réfugiés dans la citadelle de Tlemcen, imploraient la protection de la France; ils l'obtinrent et furent placés sous la sauvegarde du capitaine du génie Cavaignac, qui, bientôt assiégé par les Maures de la ville et les Arabes du dehors, manquant de vivres, abandonné à ses propres ressources, communiqua à sa petite troupe sa constance stoïque et se tira avec honneur de la double épreuve des privations et du péril. Le maréchal Clausel gâta ses succès par un fâcheux ressouvenir des licences tolérées par le vieux droit de la conquête, il frappa une contribution de guerre sur les Koulouglis de Tlemcen : mesure impolitique qui semblait mettre à prix la protection de la France. Les procédés turcs employés pour lever ce tribut suranné soulevèrent en France, dans la Chambre des députés et dans la presse, une vive répulsion. Un parti anti-algérien, qui maudissait le don de la Restauration en haine des donateurs, prit prétexte de la contribution levée à Tlemcen pour diffamer le but et les allures de la guerre d'Afrique. Mais, en somme, le contrôle sévère de l'opinion publique, importun à ceux qui avaient voulu perpétuer les abus des guerres barbares, humanisa et moralisa la conquête.

Les succès militaires remportés sur Abd-el-Kader et ses partisans dans la brillante campagne qui avait réparé l'échec de la Macta ne contentaient pas le maréchal Clausel. Résolu à pacifier l'Algérie, afin

---

[1] *Notice historique sur le maghzen d'Oran*, par M. Walsin Esterhazy, colonel du 2ᵉ régiment de spahis. Oran, p. 39.

de l'ouvrir à la colonisation, il avait reconnu dès le premier jour, que l'organisation du gouvernement des indigènes était la base de l'ordre nouveau qu'il voulait établir. Cependant il persistait à croire en 1835 comme en 1830 que les Français n'avaient pas encore acquis l'aptitude de régir directement les Arabes. Après le désaveu que son traité avec le Bey de Tunis avait encouru, il ne pouvait plus songer de nouveau à déléguer provisoirement le pouvoir de la France à un souverain musulman. Il imagina donc de chercher en Algérie même, dans les débris de la race que nous avions renversée, parmi les Turcs et les Koulouglis, certains personnages plus ou moins dignes de recommandation pour leur conférer la dignité de bey et la mission d'administrer au nom de la France la population indigène.

Ce second système avait moins de chance de succès que le premier. La restauration des Turcs par les Français leurs vainqueurs, toute subordonnée qu'elle était à notre suzeraineté, contrariait la logique fataliste des Arabes. Les Turcs n'avaient jamais prétendu à l'estime des indigènes. Il leur suffisait d'être redoutés ; ils ne l'étaient plus depuis que nous les avions chassés d'Alger. Les Arabes avaient reconnu le doigt de Dieu dans ce châtiment mérité. Le Bey de Tunis gouvernant l'Algérie au nom de la France, selon le premier projet du maréchal Clausel, aurait pu compenser par le prestige intact de sa souveraineté personnelle l'humiliation que l'avénement des chrétiens en Afrique avait infligée à sa race; mais, en relevant nous-mêmes les ruines de la domination que nous avions abattue, nous avions l'air de douter de notre droit et de notre force. Le maréchal Clausel installa ses beys turcs à Mostaganem, à Tlemcen, à Médéa. Mais ces essais d'investiture avortèrent bientôt. « Les beys turcs ne nous apportaient que leur faiblesse [1]. »

Les succès militaires du maréchal Clausel avaient ébranlé la puissance d'Abd-el-Kader. Plusieurs tribus de la vallée du Chélif vinrent offrir leur soumission au général Perregaux, qui avait acquis de l'autorité parmi les indigènes par son esprit de justice et son intelligence précoce des affaires arabes. Mais une partie des troupes de la division d'Oran fut malencontreusement rappelée en France. Les tribus qui avaient penché vers nous restèrent en proie aux vengeances de l'émir, qui imposa aux Medjehers une contribution de trois cents chevaux équipés et armés, ayant chacun un fusil pendu à l'arçon de la selle, et publia partout que les Français ne savaient pas protéger leurs alliés, mais que lui il aurait toujours le bras assez long pour punir les traîtres. Le fâcheux souvenir des avanies essuyées par les indigènes qui nous avaient témoigné quelque bon vouloir ne s'effaça pas de sitôt.

[1] *De la Régence d'Alger*, par le chef de bataillon Eugène Cavaignac.

Loin d'être en état de porter secours à autrui, les troupes de la division d'Oran n'avaient pas même la liberté de leurs propres mouvements. Le général d'Arlanges, s'étant mis en tête d'achever l'occupation de l'île de Rachgoun, fut battu par les Kabyles et bloqué dans ses retranchements à l'embouchure de la Tafna. Pendant plusieurs jours les soldats eurent pour toute nourriture quelques poignées de riz et la chair des chevaux tués par les balles de l'ennemi. Le général Bugeaud accourut de France avec des renforts et des vivres. Il reprit l'offensive, ravitailla la citadelle de Tlemcen et gagna sur Abd-el-Kader le brillant combat de la Sikak (6 juillet 1836). L'art militaire vante les combinaisons stratégiques du général. L'humanité le remercie des efforts qu'il fit, dès ses premiers pas en Afrique, pour civiliser la guerre et dégoûter nos auxiliaires arabes de leurs coutumes cruelles.

« Les ennemis sont cernés de toute part, raconte le général dans le bulletin de la bataille, et les Douairs peuvent assouvir leur horrible passion de couper les têtes. Cependant à force de cris et de coups de plat de sabre, je parvins à sauver cent cinquante hommes de l'infanterie régulière. Je vais les envoyer en France. Je crois que c'est entrer dans une bonne voie. L'humanité et la politique en seront également satisfaites; ces Arabes prendront en France des mœurs et des idées qui pourront fructifier en Afrique. »

La domination algérienne se survivait à elle-même en la personne de l'un de ses représentants, le Turc Achmet, bey de Constantine. Non-seulement il avait refusé de se soumettre à la France, mais il nous avait assailli à plusieurs reprises dans les murs de Bône. Le maréchal Clausel le déclara déchu de son pouvoir, et se mit en campagne avec sept mille hommes pour aller installer le successeur qu'il lui avait désigné. Cette expédition, mal informée, entreprise dans une saison trop avancée avec un matériel insuffisant, contrariée par le temps, combattue par les indigènes dont on nous avait promis la neutralité et même le concours, faillit avoir l'issue la plus funeste.

L'armée, partie de Bône le 10 novembre 1836, « souffrit dans une marche de onze jours, ainsi que le rapporte M. Nettement, tout ce qu'il est possible de souffrir de l'absence de routes, de la pluie qui ne cessa de tomber, des torrents débordés, des cours d'eau qu'il fallut traverser à gué; puis, après avoir franchi la Seybouse et dépassé les ruines romaines d'Assouna, d'un froid glacial qui augmenta à mesure qu'elle gravissait ces plateaux élevés où elle ne trouva aucun moyen de faire cuire ses aliments, à cause du manque absolu de bois. Les cadavres de nos soldats morts de froid pendant la nuit marquèrent la place de nos derniers bivacs. »

Constantine apparut enfin à l'armée harassée; le maréchal Clausel se crut au terme de ses épreuves et de ses mécomptes. Il s'était flatté d'avoir parmi les habitants un parti prêt à se soulever en sa faveur dès qu'il aurait fait flotter son drapeau sous leurs yeux. Grande fut sa surprise de recevoir, au lieu des clefs de la ville et des hommages qu'on lui avait fait espérer, des salves de boulets et de mitraille. Il était venu pour prendre possession d'une place qu'il croyait à demi gagnée; l'hypothèse d'un siége à faire n'était pas entrée dans ses prévisions. Tout lui manquait de ce qu'il faut pour renverser des murailles quelque peu fortifiées. Déjà des soldats, cherchant à tromper la faim par l'ivresse, avaient défoncé et pillé les tonneaux d'eau-de-vie. Une surprise tentée pendant la nuit contre les deux portes de la ville par le colonel Duvivier et le colonel Lemercier fut trahie par un clair de lune qui, dissipant tout à coup les nuages, livra aux boulets ennemis nos colonnes profondes. Le général Trezel fut grièvement blessé, plusieurs officiers de grande espérance périrent dans cet effort dont ils avaient compris l'importance suprême pour le salut de l'armée. Leur courage fut inutile. A quatre heures du matin le maréchal Clausel se vit forcé de donner l'ordre de la retraite.

Les Arabes, les Kabyles et les Koulouglis, qui avaient défendu Constantine, emportés par le succès et poussant des cris affreux, se lancèrent à la poursuite de l'armée en désordre et assaillie sur les flancs par la cavalerie aux ordres d'Achmet-Bey. Des caissons d'artillerie, le matériel du génie, deux obusiers de nos auxiliaires indigènes, quatorze prolonges chargées de blessés, étaient abandonnés. Nous laissons au meilleur historien militaire de l'Algérie, au commandant Pellissier de Reynaud, auteur des *Annales algériennes*, l'honneur de raconter comment,

« Dans ce moment difficile, où l'armée se trouvait pressée par un ennemi implacable, supérieur en nombre et enflé de sa victoire, la bravoure et l'habileté d'un simple officier empêchèrent peut-être une déroute complète. Le commandant Changarnier, arrivant à Mansourah, au moment où le 59ᵉ et le 63ᵉ effectuaient leur retraite, se trouva former l'extrême arrière-garde, avec son bataillon réduit à un peu moins de trois cents hommes. Sa ligne de tirailleurs est enfoncée et en partie sabrée ; il arrête alors sa petite troupe, et la forme en carré : « *Allons, mes amis,* dit-il, *voyons ces gens-là en face, ils sont dix mille, et vous êtes trois cents, vous voyez bien que la partie est égale.* » Les braves soldats auxquels il s'adressait, tous dignes d'un chef digne d'eux, attendent l'ennemi à portée de pistolet, et le repoussent par un feu de deux rangs des plus meurtriers. L'ennemi, renonçant alors aux charges, reprit son système de tiraillement, et fut pendant tout le reste de la journée contenu à distance, tant par le bataillon Changarnier que par le 63ᵉ de ligne et quelques escadrons de chasseurs[1]. »

L'armée était sauvée. Le maréchal Clausel profita de cette résis-

[1] *Annales algériennes*, nouv. édit., t. II, p. 140.

tance providentielle pour rétablir l'ordre dans la colonne, et rendit grâce au commandant Changarnier, qui, dans un moment si grave et si difficile, disait-il dans son rapport, se couvrit de gloire, et s'attira les regards et l'estime de toute l'armée. La cavalerie arabe continua d'inquiéter la retraite et coupa la tête aux traînards : « A chaque instant on était obligé d'abandonner des soldats qui ne pouvaient plus marcher, ils se couchaient, se couvraient la tête, et attendaient avec résignation le coup qui devait mettre un terme à leurs souffrances et à leur vie [1]. »

Le gros de l'armée rentra à Bône le 1er décembre 1836. Cinq cents hommes avaient été tués ou blessés; mille cinq cents malades, exténués par le froid et la misère, entrèrent dans les hôpitaux et moururent pour la plupart.

Les éléments conjurés et l'une de ces méprises inévitables sur un terrain politique inconnu avaient eu plus de part que les armes de l'ennemi à l'insuccès de la fausse attaque de Constantine. Cet échec fut, l'année suivante, glorieusement vengé ; il eut cependant une fâcheuse et durable influence sur les destinées de l'Algérie.

Depuis six ans que nous avions mis le pied en Afrique, aucun résultat appréciable n'avait dédommagé l'armée de ses fatigues ni le trésor de ses sacrifices. Nous ne comptions parmi les indigènes aucun ami sûr, aucun sujet obéissant : on n'avait su ni les gagner ni les réduire. C'est à peine si la banlieue d'Alger offrait quelque sécurité aux colons venus pour cultiver le sol, et non pas pour agioter sur des terrains fantastiques, à la façon des actionnaires de la fameuse banque du Mississipi. Six années sont un terme bien court dans l'histoire d'une nation qui tente une œuvre d'avenir. Les Romains employèrent trois siècles de diplomatie et de guerre à fonder en Afrique leur domination. La patience est facile à qui peut mesurer la durée de son attente et prévoir le jour du succès. Mais on se lasse aisément de sacrifices sans compensation, et dont aucun progrès n'a encore permis de mesurer l'étendue. Tant que la politique qu'il convenait de suivre vis-à-vis des Arabes n'avait pas été découverte et appliquée, tant que les généraux n'avaient pas trouvé le moyen de les atteindre, de les battre à coup sûr, et de les soumettre, le découragement et les murmures de l'opinion publique n'étaient que trop fondés. Le gouvernement devait en tenir compte. Aussi, voulant à toute force abattre le bey de Constantine, mais redoutant d'avoir sur les bras tout le poids de l'Algérie, M. le comte Molé, président du conseil, autorisa le général Bugeaud, commandant à Oran, à entrer en négociation avec Abd-el-Kader.

Peu confiant, à cette époque, dans l'avenir colonial de l'Algérie,

---

[1] *Annales algériennes*, nouv. édit., t. II, p. 141.

partisan décidé de l'occupation restreinte, le général Bugeaud crut, comme le général Desmichels, à la modération d'Abd-el-Kader et à son bon vouloir à notre égard. Il ne craignit pas d'accroître dans les mains de l'émir une puissance qui devait, pensait-il, profiter à la sécurité des parcelles de territoire que nous nous réservions modestement et au bien-être des Arabes. Le négociateur du traité de la Tafna écrivait au président du conseil en lui envoyant les conventions acceptées par l'émir :

« Je trouvais des avantages à lui céder plus, parce qu'il nous offrait plus de garanties, plus de sécurité, plus d'avantages commerciaux que des beys sans influence qu'on voudrait établir entre l'émir et nous. C'est cet ordre d'idées qui m'a déterminé à outre-passer mes instructions. »

Et, dans l'entrevue qui précéda la conclusion définitive de la paix, le général Bugeaud disait au nouvel allié de la France : « J'espère que tu pourras faire le bonheur des Arabes. »

Il est vrai qu'Abd-el-Kader *reconnaissait* (ce sont les propres termes de la version française du traité de la Tafna) *la souveraineté de la France en Afrique*. Mais cette reconnaissance purement nominale ne l'engageait à rien, il avait refusé de payer tribut. Il ne rendit à la France aucun hommage. Loin de contracter aucun lien de vassalité, il put s'enorgueillir sans conteste d'avoir traité de puissance à puissance avec le roi des Français.

La France cédait à l'émir le camp de Rachgoun et la citadelle de Tlemcen, deux postes occupés par nos troupes, et lui abandonnait tout le territoire de l'Afrique, sauf la province de Constantine, qui n'était pas comprise dans le traité, et une partie étroitement limitée des provinces d'Oran et d'Alger.

Les musulmans avaient le choix de s'établir sur le territoire déclaré français ou dans les États de l'émir. Mais celui-ci stipulait formellement au profit des Arabes qui se placeraient sous notre domination le droit d'exercer librement leur religion, de bâtir des mosquées et de suivre en tout point leur discipline religieuse sous l'autorité de leurs chefs spirituels. Ainsi Abd-el-Kader, investi de la tutelle religieuse des propres et volontaires sujets de la France, entrait en partage de notre souveraineté et recevait de nos mains le protectorat hautain que la Russie réclama si longtemps auprès du sultan de Constantinople en faveur des Grecs.

Le commerce était déclaré libre entre les Arabes et les Français. C'était la seule clause qui nous fût favorable. Elle ne fut pas exécutée. Enfin la France s'engageait à vendre à l'émir la poudre, le soufre et les armes dont il aurait besoin.

Le traité de la Tafna répondit mal aux intentions de la France : destiné à ouvrir l'ère de la paix perpétuelle en Afrique, à borner notre occupation, à donner à Abd-el-Kader la puissance de contenir les Arabes et de les façonner au contact de nos mœurs, il amena une guerre de sept ans et nous imposa la nécessité de conquérir l'Algérie entière, après avoir centuplé les forces de notre ennemi né, en relevant démesurément son prestige et en lui fournissant à pleines mains les moyens de nous nuire.

Ces conséquences furent signalées, dès le premier jour, par quelques officiers qui, grâce à un séjour assidu et studieux en Afrique, avaient pénétré d'un œil sagace soit le caractère personnel de l'émir, soit la tendance fatalement agressive des préjugés et des passions dont il s'était fait un marchepied. Mais un brillant fait d'armes fit oublier ces sinistres et véridiques augures.

Le maréchal Clausel n'eut pas la satisfaction de réparer lui-même sa méprise de Constantine. Le 12 février 1837, le général de Damrémont fut nommé à sa place gouverneur de l'Algérie. Quelque habile que le maréchal Clausel se fût montré dans les grandes guerres de l'Empire, il ne léguait pas à ses successeurs la solution militaire de la question d'Afrique. Les succès qu'il remporta en mainte occasion n'eurent pas de lendemain. Les troupes sous ses ordres manquaient de cette agilité impétueuse qui devait plus tard nous faire triompher des Arabes. Il ne découvrit pas non plus le moyen le plus simple et le plus convenable de rattacher les indigènes à l'administration française; mais il eut le mérite de le chercher avec persévérance. Il faut savoir gré à un militaire investi d'une part quelconque d'autorité civile, de ne pas prendre son sabre pour un sceptre magique, de ne pas mépriser l'influence morale et de comprendre que la force brute ne suffit pas à gouverner une société humaine, ne fût-elle composée que d'Arabes.

Depuis que le traité de la Tafna avait consacré le système de l'occupation restreinte, la France n'avait plus d'intérêt à détrôner le bey de Constantine. On commençait à s'apercevoir qu'Abd-el-Kader possédait, grâce à nous, assez d'éléments de puissance! En détruisant la domination turque dans les provinces d'Alger et d'Oran, sans réussir à la remplacer, nous avions facilité l'avénement de l'émir et poussé vers lui les tribus arabes fatiguées de l'anarchie. Au moins, cette expérience une fois faite, ne voulait-on pas la renouveler à nos dépens dans l'autre moitié de l'Algérie. La rivalité de deux chefs indigènes semblait moins redoutable pour la sécurité de nos modestes possessions que la prépondérance d'un antagoniste unique. Le gouvernement français était donc disposé à épargner Achmet, à la condition qu'il prêterait l'hommage lige et qu'il consentirait à faire amende honorable du succès fortuit qu'il avait obtenu l'année précédente. Le général de

Damrémont, qui avait blâmé hautement les stipulations du traité de la Tafna, ne demandait pas mieux que de parer aux dangers prochains d'une situation qu'il n'avait pas faite et qu'il n'avait pas le droit de changer ; mais il reconnut bientôt que les négociations entamées par le bey de Constantine cachaient un piége. Achmet attendait des secours de Constantinople, il tramait à Tunis le renversement du Bey trop ami de la France et l'élévation d'un affidé qui eût livré passage aux soldats turcs et se fût prêté à lui rendre tous les services de bon voisinage qu'Abd-el-Kader reçut si longtemps du Maroc. Déjà une escadre partie de Constantinople voguait vers Tunis, mais une flotte française, commandée par l'amiral Lalande, l'empêcha de débarquer. Le complot fut découvert, le bey menacé par Achmet garda le pouvoir et la neutralité. Le 1er octobre 1837, l'armée, pourvue cette fois de toutes les ressources nécessaires pour faire le siège d'une ville ennemie, se mit en marche vers Constantine, sous les ordres du général de Damrémont.

Le temps ne favorisa pas l'expédition, les difficultés du terrain contrarièrent la construction des batteries ; les Turcs et les Kabyles rassemblés dans la ville essayèrent de ralentir les travaux de l'artillerie, par plusieurs sorties impétueuses dont l'une donna à un corps de nouvelle création, la légion étrangère, et à l'officier habile qui l'avait formé, le chef de bataillon Bedeau, l'occasion de faire ses preuves. Cependant la brèche commençait à devenir praticable, lorsque le 12 octobre, à une heure du matin, le général de Damrémont, se dirigeant vers les tranchées pour examiner les travaux de la nuit, fut tué par un boulet de canon. En même temps le général Perregaux tombait mortellement blessé d'une balle au front. Le général Valée, averti en toute hâte, prit le commandement en chef. Le lendemain, à quatre heures, les trois colonnes d'assaut étaient à leur poste : la première, commandée par le lieutenant-colonel Lamoricière ; la seconde, par le colonel Combes, et en sous-ordre par les chefs de bataillon Bedeau et Leclerc; la troisième, par le colonel Corbin. A sept heures du matin, le duc de Nemours, commandant du siége, donna le signal de l'assaut; le colonel Lamoricière, à la tête des zouaves, escalada les remparts à travers une fusillade meurtrière.

M. Nettement, sans tomber dans le pédantisme militaire, défaut favori des Français qui ne portent point l'épée, a fait revivre l'assaut de Constantine dans une brillante narration, trop complète pour que nous puissions la citer en entier, mais dont nous reproduirons du moins les traits principaux :

« La peinture a retracé la scène principale de cet assaut de Constantine, fécond en épisodes, à la fois douloureux et héroïques.

« Horace Vernet a montré le brave Lamoricière au sommet de la brèche, au moment de l'explosion qui fit de si grands ravages dans nos rangs déjà décimés par l'éboulement qui écrasa le chef de bataillon de Serigny; le colonel Combes, arrivant après lui, va recevoir les deux blessures mortelles qui ne l'empêchèrent point d'aller rendre compte du succès à M. le duc de Nemours. Il termina son rapport verbal par ces mots d'une simplicité et d'un calme héroïques : « Ceux qui ne sont pas blessés mortellement jouiront de ce « beau succès. » Alors seulement on s'aperçut qu'une balle lui avait traversé la poitrine; quelques heures après, ce héros avait cessé de vivre.

« Entre les deux efforts successifs tentés par les deux colonnes d'assaut, avait eu lieu l'explosion qui fit tant de victimes.

« La première section de la seconde colonne d'attaque arrivait sur la brèche, sous les ordres du chef de bataillon Bedeau, lorsque le lieutenant-colonel Lamoricière, qui, après avoir enlevé la brèche, avait enfin trouvé une issue conduisant à une porte intérieure où s'engagea un violent combat, sentit un mouvement d'oscillation qui ébranla le terrain : c'était une caisse contenant les réserves de poudre des indigènes qui, prenant feu, causa une première explosion. Cette explosion en amena presque immédiatement une seconde, le gaz enflammé ayant communiqué le feu aux sacs à poudre portés par les sapeurs du génie, et bientôt aux cartouches mêmes des soldats.

« La presque totalité des hommes du lieutenant-colonel Lamoricière furent atteints. Il demeura lui-même renversé sous les débris des murailles, et ses camarades portèrent un instant le deuil de cette jeune gloire.

« La section du chef de bataillon Bedeau rencontra, en montant sur la brèche, une masse informe d'êtres humains noircis par la poudre, aux vêtements calcinés et fumants, aux chairs brûlées. De cette masse hideuse qui avait perdu la voix, la vue, l'ouïe, presque le sentiment, sortaient des gémissements inarticulés. La colonne d'attaque du colonel Combes, arrivant dans cette atmosphère de poussière, de poudre et de feu, couvrit ces gémissements par le bruit de ses tambours, de ses clairons et de ses cris : « En avant, en « avant, » mille fois répétés. Au moment où le commandant Bedeau entraînait ainsi sa section électrisée, il rencontra une forme humaine qui, noircie par le feu, se soutenant à peine, répétait d'une voix éteinte ce cri des vaillants et des forts : « En avant! en avant! » C'était l'intrépide Leflo, alors capitaine de voltigeurs au 2e léger.

« Au milieu de ces épisodes, les progrès de nos colonnes déjà maîtresses des abords de la ville continuaient. Le général Valée envoyait sans cesse de nouveaux détachements, composés chacun de deux compagnies, qui, pénétrant par la brèche sans désordre et sans confusion, allaient soutenir nos troupes engagées dans la ville, et avançaient peu à peu en livrant un combat meurtrier de barricade en barricade et de maison en maison.

« Ce combat dura plusieurs heures, et la troisième colonne d'attaque était déjà tout entière dans la ville, lorsque le commandant en chef y envoya le général Rulhières, en le chargeant de donner plus d'unité aux efforts énergiques de nos troupes. Le général Rulhières, en arrivant à la hauteur des tirailleurs les plus avancés, vit accourir un Maure tenant à la main une feuille de papier écrite : c'était une demande de capitulation envoyée par le pouvoir municipal de Constantine. La partie la plus énergique de la population, ne pouvant plus défendre la ville et ne voulant point se rendre, tentait en ce moment même une retraite périlleuse à travers les ravins escarpés dont elle est entourée, et nos soldats eurent bientôt à détourner les yeux de l'horrible spectacle qu'offraient des morts, des mourants, soldats, femmes, enfants, descendus dans ce gouffre en tourbillonnant les uns sur les autres, les uns pour fuir le péril, les autres pour ne pas se rendre à l'ennemi.

« L'envoyé du pouvoir municipal fut conduit au général en chef, qu'il trouva à la batterie de la brèche; il apportait la soumission de la ville, qui se recommandait à la clémence du vainqueur, en rejetant l'opiniâtreté de la défense sur les Kabyles et les étrangers soldés.

« Le général Valée nomma aussitôt le général Rulhières commandant supérieur et le chef de bataillon Bedeau commandant de la place de Constantine. Il chargea ce dernier de se rendre immédiatement chez le cheik El-Beled, où étaient réunis les principaux de la ville, et lui remit une note écrite ainsi conçue : « La religion, les propriétés, les usages, seront respectés.
« Qu'aucun habitant n'abandonne sa maison; que l'on se confie dans la pa-
« role et la protection de la France. On déposera immédiatement les armes
« à la Kasbah. Les principaux habitants, soumis à l'autorité française, parti-
« ciperont à l'administration de la ville. »

III

La prise de Constantine ouvre une période nouvelle dans l'histoire de notre établissement en Afrique. Le général Valée, nommé gouverneur de l'Algérie, et peu de jours après maréchal de France, organisa dans la vaste province qu'il venait de conquérir une administration indigène, qui d'abord sous la surveillance des officiers français, et bientôt sous leur impulsion directe, fit régner l'ordre parmi les Arabes, la sécurité sur les chemins, l'abondance dans les marchés, partout l'ascendant supérieur d'une civilisation humaine, probe et protectrice. Abd-el-Kader nous avait vus avec joie marcher sur la capitale d'Achmet-Bey. Il se garda bien d'entraver une entreprise qui, tout en le délivrant de la rivalité éventuelle d'un redoutable chef musulman, devait, pensait-il, nous causer l'embarras d'une occupation stérile et tourner à l'accroissement de sa puissance. Il nous voyait déjà entre l'ennui de ravitailler sans cesse une place affamée et la honte de l'abandonner. Le maréchal Valée trompa cette espérance. Il sut prendre la ville et dominer le territoire.

Le nouveau gouverneur de l'Algérie avait de grandes vues et de généreux desseins. Voici le plan de conduite qu'il s'était tracé et qu'il soumettait à l'approbation du président du conseil[1], en acceptant les fonctions qu'il n'avait pas sollicitées, et dont la nouveauté effraya un instants a conscience délicate :

[1] *Discours* prononcé à la Chambre des Pairs par M. le comte Molé, à l'occasion de la mort de M. le maréchal comte Valée, dans la séance du 5 août 1845, page 20.

« Je ne veux pas ravager cette terre déjà si malheureuse, je veux que la France refasse l'Afrique romaine. Tant que la confiance du roi me maintiendra dans le poste que j'occupe, je m'efforcerai de créer des villes, d'ouvrir des voies de communication. Sous mes ordres, l'armée ne parcourra pas à l'aventure les provinces africaines, sans laisser plus de traces après elle que n'en laissent les bateaux à vapeur sur la Méditerranée. J'irai lentement, mais je ne reculerai jamais. Partout où je poserai le pied de la France, je formerai des établissements durables. Les villes qui existent encore, je les agrandirai. Je leur donnerai une prospérité inconnue sur cette terre depuis bien des siècles, et, si la Providence me donne le temps d'accomplir cette œuvre, je laisserai sur le sol africain des traces profondes de mon passage. Quant aux populations indigènes, je veux les gouverner et non les piller. J'appellerai autour de moi l'aristocratie territoriale et religieuse. Je ferai comprendre aux chefs des familles puissantes que, sous la protection de la France, ils jouiront paisiblement de la part d'influence qui leur appartient, qu'ils posséderont en toute sécurité les biens que leur ont légués leurs pères. Je les placerai toujours sous la main puissante du commandant de la province. Ils commanderont aux tribus, mais l'autorité française veillera sur eux et présentera constamment la France aux Arabes comme protégeant et maintenant les droits de tous. »

Les circonstances ne permirent pas au maréchal Valée de réaliser selon son gré ce programme, qui comprenait tous les devoirs et toutes les ressources honnêtes de la politique française en Afrique. Avant de combattre Abd-el-Kader les armes à la main, il fallut lutter à coups de dépêches contre les conséquences abusives qu'il prétendait tirer des clauses équivoques du traité de la Tafna. Cette guerre de plume consuma le temps du maréchal Valée, sans pousser à bout sa patience. Plus tard les travaux de la guerre le détournèrent des créations qu'il avait projetées. Cependant il eut le loisir de fonder le port de Stora, et les établissements de Philippeville et de Milah. Il leva le premier un impôt régulier sur les tribus arabes. En un mot, il eut le mérite d'asseoir l'influence française dans la province de Constantine sur des bases tellement solides et respectables, que cette grande moitié de l'Algérie fut désormais soustraite à la domination d'Abd-el-Kader. Ce n'est pas que le commandement militaire ait été une sinécure dans les mains des généraux qui se succédèrent à Constantine. Les troupes placées sous leurs ordres livrèrent plus d'un combat. Les complots, les révoltes des tribus, les trahisons de chefs, les refus d'impôts, les faux prophètes, toutes les causes de troubles propres à la société arabe, se firent jour dans cette province. Mais, comme l'autorité française avait montré dès l'origine la ferme volonté et le talent de soumettre et de gouverner le territoire possédé par le bey déchu, elle rencontra sans doute des ennemis et des rebelles, mais elle ne manqua pas d'alliés, qui ne craignirent pas de se compromettre avec elle, sinon pour elle; alliés sauvages que la France n'avait pas choisis, qu'elle n'avait pas formés et qui la servaient pour leur propre compte à leur manière atroce. L'un d'entre eux, Ben-Gannah, le Grand Serpent du désert, bien digne de ce surnom, s'était rangé de notre côté en haine d'Achmet-Bey. Un jour, en 1839, il envoya au général Galbois, en guise d'hommage, cinq cents paires d'oreilles humaines et son sabre ébréché, tordu, à force d'avoir frappé sans pitié sur les partisans d'un khalifat qu'Abd-el-Kader avait essayé d'établir dans le pays du Zab. Jusque-là nous n'avions pas même eu le bénéfice des querelles intestines des Arabes. Divisés entre eux, ils s'étaient toujours trouvés d'accord pour nous combattre. Grâce au maréchal Valée, la province de Constantine ne fut émue que par des agitations locales et partielles, et ne prit point de part à la guerre générale qui embrasa, pendant sept années, le reste de l'Algérie, après deux ans et demi d'une paix trompeuse.

Abd-el-Kader tira grand parti de notre alliance. Dès qu'il eut signé le traité de la Tafna (30 mai 1837), il se mit en devoir de constituer l'empire arabe dont nous l'avions investi. Se faisant reconnaître de gré ou de force comme le successeur légitime des anciens souverains de l'Algérie, il perçut l'impôt arriéré depuis la prise d'Alger, battit monnaie, et établit parmi les tribus une organisation unitaire et une administration hiérarchique moins oppressive, et partant plus réellement forte que celle des Turcs. Il eut des finances et une armée. Il augmenta les cadres et perfectionna la discipline de son infanterie et de sa cavalerie régulière; sa garde et sa réserve en temps de guerre, sa gendarmerie en temps de paix. Il organisa même un corps de canonniers dont le chef portait comme insigne une inscription toute musulmane, brodée en lettres d'argent sur sa manche droite : « Je ne lance rien par moi-même, et si je lance quelque chose, c'est Dieu qui l'a lancé. » Des forges, des fonderies de canon, des magasins, des arsenaux, des fabriques d'armes, de drap et de toiles, des ateliers d'équipement, des manutentions, des hôpitaux, s'élevèrent, par les ordres et sous la direction de cet organisateur improvisé. Il ne fut pas loin de rappeler en quelque sorte, et toutes proportions gardées, Pierre le Grand, par le soin qu'il eut de s'assimiler les institutions militaires propres à rendre la barbarie de son peuple plus formidable, sans en dénaturer le génie primitif. Il institua à notre exemple une sorte de décoration de la Légion d'honneur sous forme d'une griffe d'argent qui s'attachait au turban, et dont les branches plus ou moins luxuriantes indiquaient le degré de mérite. Il releva sur la lisière du désert les forteresses élevées par les Romains pour dominer le pays, et en même temps, redoutant pour son peuple nomade la séduction des grandes villes qui amollissent les barbares et suscitent les factieux, il achevait de faire démolir les ruines habitées de Tlemcen.

La France seconda trop généreusement son allié d'un jour. Par une convention additionnelle au traité de la Tafna, convention conclue à Alger le 4 juillet 1838, entre le maréchal Valée et l'ambassadeur d'Abd-el-Kader, Ben-Aratch, le gouvernement français s'engageait (art. 3) à faire livrer, à Alger, entre les mains de l'émir, les armes, la poudre, le soufre et le plomb dont il aurait besoin, au prix de fabrication, et sans aucune augmentation pour le transport par mer de Toulon en Afrique. Déjà il avait eu toute liberté de choisir dans les usines et les ateliers de Marseille, de Lyon, de Paris, les ingénieurs, les contre-maîtres, les ouvriers qui lui manquaient pour fonder, diriger et approvisionner ses établissements militaires.

S'il est vrai que les sociétés barbares ne peuvent s'épurer et s'ennoblir qu'à la suite d'initiations graduées et successives, le pouvoir d'Abd-el-Kader n'était pas indigne de l'appui et des encouragements de la France. Son despotisme énergique se modelait fidèlement sur le texte du Coran et réalisait ainsi au profit des Arabes un état social préférable à la brutalité sans frein et à l'insolence idéale des beys algériens. Ce n'est pas à l'école de Mahomet que les princes apprennent à respecter la vie de leurs sujets. Abd-el-Kader n'avait pas scrupule de verser le sang; mais il ne s'en faisait pas un jeu. Sa justice toute prompte et sommaire était conforme à sa loi imparfaite. Pour plier les Arabes à la paix qu'il nous avait promise, pour les façonner à la civilisation relative dont il se vantait d'être le propagateur, l'émir avait besoin des services de la France. Le traité de la Tafna le mettait en droit de les réclamer. Le maréchal Valée ne lui en refusa aucun; c'est avec des obusiers français qu'Abd-el-Kader bombarda la ville d'Aïn-Maïdi et s'efforça de renverser la famille des Tedjini, marabouts vénérés dont l'influence sur les tribus du Sahara lui portait ombrage. Tel était le vice de la situation que nous nous étions faite, tel l'effet du titre religieux affecté par Abd-el-Kader, que chaque victoire dont nous lui fournissions les instruments exaltait sa foi dans sa mission antichrétienne, et entretenait parmi les masses fanatisées par ses succès l'ingrate espérance de jeter bientôt à la mer les Français, ses amis pleins de zèle, ses instructeurs, ses auxiliaires.

L'erreur fondamentale du traité de la Tafna, l'impossibilité de l'occupation restreinte et du partage de l'Algérie entre deux souverains, l'imminence d'une guerre décisive et la nécessité de la soumission complète du pays furent signalées, en 1839, avec une grande hauteur de vues par un officier d'un rang encore peu élevé, le chef de bataillon Eugène Cavaignac, qui s'était préparé, en étudiant l'histoire, les mœurs et les intérêts de l'Algérie, à prendre à la conquête une belle part rehaussée plus tard par des titres civiques.

On se souvient que le général Bugeaud, en se plaisant à grandir la puissance d'Abd-el-Kader et en concentrant dans ses mains le gouvernement des tribus, avait cru bien servir l'intérêt du peuple arabe. Le chef de bataillon Cavaignac, dans le livre remarquable qu'il intitulait modestement : *De la Régence d'Alger (notes sur l'occupation)*, envisageait du même point de vue, quelques mois avant la rupture de la paix, la situation que nous avions faite au prince des croyants, et la conduite que nous devions tenir en Algérie.

Les avantages politiques, commerciaux, industriels, que la France peut espérer de la possession de l'Algérie, ne sont que secondaires, disait-il, traitant la guerre et les conquêtes à la façon de Descartes ou Vauvenargues, ces deux officiers français. Le but que nous devons nous proposer, c'est de tirer les Arabes de la barbarie et de la misère où les Turcs ont pris intérêt à les plonger; c'est de ranimer dans cette race dégradée par des siècles d'oppression les nobles instincts, les facultés éminentes qu'elle déploya en Espagne, sous le règne des kalifes, aux siècles de son indépendance et de sa grandeur. La France ne pouvait peut-être pas, dès le premier jour, entreprendre par elle-même l'éducation de son élève turbulent, rétif, plein de préjugés et d'antipathies contre son maître. L'idée qu'avait eue le maréchal Clausel de donner pour précepteur aux Arabes un souverain musulman honnête et sage, agissant sous notre dépendance, n'avait rien d'inadmissible dans les circonstances difficiles où se trouvait alors le gouvernement français; mais, en constituant dans les mains du prophète Abd-el-Kader une souveraineté indépendante de la nôtre, nous avons abdiqué notre mission civilisatrice, nous avons trahi le véritable intérêt du peuple arabe, nous nous sommes suscité un ennemi redoutable.

« Le nouveau pouvoir fondé chez les Arabes n'étant point soumis au nôtre, il en sera le rival; il aura donc besoin d'être fort, et sa force consistera, non pas à nous imiter en s'engageant de lui-même dans la voie où nous voudrions le conduire, mais à développer, au contraire, chez les indigènes, tous leurs éléments de résistance à notre civilisation. Une grande nation peut chercher dans l'imitation d'une nation ennemie ou rivale des moyens d'indépendance et de prospérité; mais l'Arabe de l'Algérie, pour nous résister, a besoin de rester ce qu'il est, et de reculer encore s'il est possible. S'il se fait semblable à nous, il perd tout avantage. Il vaudrait mieux pour lui se soumettre d'avance.

« Tout autre chef arabe qui n'eût prétendu qu'à un rôle militaire et politique en luttant contre nous aurait pu, éclairé plus tard par notre conduite, contracter avec nous une alliance sincère et profitable aux deux nations. Mais Ab-el-Kader est le Prince des Croyants. S'il renonçait à la mission religieuse qu'il s'est donnée, il ne serait plus qu'un rival pour les sckeiks avides du pouvoir, et pour les Arabes un ambitieux vulgaire. La vision de son père ne serait plus qu'un mensonge. C'est dans la religion seule, c'est dans l'horreur pour toute innovation chrétienne qu'il puisera sa force et qu'il pourra trouver le succès. Son autorité est un sacerdoce, il ne lui est pas permis d'en changer la nature. Il faut qu'il entretienne les haines religieuses, qu'il les ravive au besoin, résistant ainsi autant qu'il est en lui à l'effet inévitable de notre présence et de notre politique contre lui. »

Après avoir dénoncé Abd-el-Kader comme l'ennemi intime des véritables intérêts arabes, après avoir attaqué le traité de Tafna par cet argument chevaleresque, assez peu usité dans l'histoire coloniale, et qu'il sied bien à un officier français d'avoir inventé, l'auteur suivait pied à pied la conduite d'Abdel-Kader et le montrait se préparant sans relâche à de prochaines hostilités. Il engageait le gouvernement français à ne pas se laisser surprendre. Mais, tout en faisant appel aux armes, il protestait généreusement contre le faux esprit militaire qui veut la guerre pour la guerre, la guerre pour l'avancement, et pense que toute conquête est assez juste qui permet de gagner des batailles et des grades. Il disait :

« La colonisation de la Régence par le mélange des populations européennes et indigènes est impossible sans la soumission préalable de ceux-ci.

« Il faut la guerre, non pour détruire, non pour refouler les Arabes, mais pour les contenir et les soumettre... Aujourd'hui il n'y a plus de conquêtes légitimes que celles qui résultent de la nécessité d'assurer le repos aux générations laborieuses qui s'élèvent et qui doivent se succéder. S'il y a encore dissentiment sur cette question parmi les hommes, toujours est-il qu'aucune nation ne peut plus avouer un système brutal d'agrandissement; qu'aucun homme éclairé ne pourrait plus sans remords consacrer le travail de sa vie à des conquêtes inutiles, si elles ne sont nécessaires, immorales, si elles n'ont pour moyens que le meurtre et la dévastation... L'intérêt des Arabes qui doivent tomber sous notre ascendant civilisateur, l'intérêt de notre avenir militaire dans la Régence, celui de notre commerce, nous tracent la même marche, nous conseillent l'occupation complète du pays...

« Que nous agissions sur les indigènes directement ou par des chefs soumis à la France, cela est peu important. Il suffira que nous soyons les maîtres; car l'indépendance pour les Arabes n'est plus possible qu'à la condition pour eux de rester armés et pauvres. »

Les révolutions et les guerres surgissent le plus souvent à l'improviste. Ce n'est pas que nous soyons dépourvus de la faculté de prévoir dans une certaine mesure les événements publics, mais nous sommes trop portés à fonder nos conjectures sur une base instable et étroite. Les prévisions déduites uniquement du caractère connu ou supposé des princes sont fréquemment démenties par les faits. L'homme est versatile quand il n'est pas hypocrite. D'ailleurs il n'y a pas de souverain réellement absolu et libre d'échapper aux conditions et à la nature de son pouvoir ; pas d'autocrate qui ne dépende des instincts, des préjugés et des passions de son peuple. Aussi, lorsqu'une fois on a su démêler l'origine et le principe d'un établissement politique, on risque moins à prophétiser son avenir prochain: on table sur des données logiques, sinon raisonnables ; plus le prince dont on s'avise de prévoir la conduite est clairvoyant et habile, plus il est facile d'inventer son rôle et de raconter à l'avance son histoire. Le général Cavaignac, grâce à la connaissance qu'il avait acquise du caractère arabe et des circonstances générales qui avaient fondé l'autorité d'Abd-el-Kader, avait deviné à coup sûr la politique qu'il serait amené à suivre envers la France. Il avait pressenti que l'émir, symbole plus encore que chef d'une agitation nationale et religieuse, serait entraîné, même avant l'heure qu'il eût voulu choisir, à entrer en lutte avec nous. En effet, ce n'est pas Abd-el-Kader qui leva le drapeau de la guerre sainte, en 1839 : il le reçut des mains de son peuple enthousiaste. Il le prit de bonne grâce, quoiqu'il trouvât l'agression prématurée, et, une fois qu'il l'eut déployé, il ne se le laissa pas arracher facilement.

Il ne fallait pas attendre du premier marabout de l'Algérie, du plus savant, du plus versé dans la lecture des casuistes arabes, une idée bien nette et conforme au droit des gens, de la fidélité qu'il devait, lui, prophète inspiré du Coran, prophète convaincu de sa mission, aux engagements qu'il avait souscrits envers des chrétiens. L'émir ne s'était donc fait nul scrupule de retenir sous sa loi par les plus sévères châtiments les Arabes disposés à émigrer sur notre territoire. Il s'était efforcé d'éloigner de nous et d'appeler à lui les tribus établies dans nos lignes. Il avait monopolisé entre ses mains le commerce indigène et défendu aux Arabes, sous peine de mort, de nous vendre des chevaux. Ces infractions flagrantes au traité de la Tafna n'étaient pas ignorées en France. Un document officiel, publié en 1838, le *Tableau des établissements français en Algérie*, loin de les représenter comme un cas de guerre, les attribuaient, non pas aux intentions hostiles de l'émir, mais à sa profonde ignorance du droit public. Vainement un écrivain militaire bien informé, le général Pelet, s'écriait au commencement de 1838 : « Si on n'y apporte pas un prompt remède, l'émir sera avant la fin de l'année *sultan de la Régence entière*, reconnu par toutes les populations et peut-être par la Porte Ottomane. Nous aurons détruit le despotisme turc pour relever la nationalité arabe [1]. » On hésitait à s'engager dans une guerre dont le profit ne semblait pas devoir compenser les difficultés et le péril. C'était le temps où l'un des plus fermes champions de notre établissement en Afrique, M. Thiers, disait à la

[1] Note sur la situation de l'Algérie, à la fin de janvier 1838.

tribune : « Si nous n'étions pas à Alger, je ne conseillerais pas d'y aller. »
Le général Bugeaud écrivait à la même époque, et dans le même sentiment de résignation patriotique : « Puisque la France est condamnée
« à conserver l'Afrique, à la coloniser, il faut bien essayer de quelques
« moyens. »

Le gouvernement français observa donc avec une fidélité opiniâtre le traité qu'il avait signé de confiance.

La frontière du territoire que la France s'était réservée dans la province d'Alger avait été trop vaguement délimitée. Le maréchal Valée, voulant frayer un passage direct entre la capitale de l'Algérie et Constantine, traversa, le 27 octobre 1839, en compagnie du duc d'Orléans, les Portes de Fer, défilé redoutable s'il eût été défendu par les Arabes. Aussitôt les Hadjoutes, tribu pillarde des environs d'Alger, crièrent à l'agression. Ils se ruèrent sur la plaine de la Métidja, surprirent des postes isolés et saccagèrent les premiers essais de la colonisation européenne. Quelques jours après, le 18 novembre 1839, un Arabe, envoyé de Miliana par Abd-el-Kader, apportait au maréchal Valée une déclaration de guerre ainsi conçue :

« Je vous ai écrit que tous les Arabes depuis Ouelassa jusqu'au Kef sont d'accord pour faire la guerre sainte. J'ai fait ce que j'ai pu pour combattre leur dessein, mais ils ont persisté. Personne ne veut plus la paix. Chacun se dispose à la guerre, il faut que je me range à l'opinion générale pour obéir à notre sainte loi. Je me conduis loyalement avec vous, et je vous avertis de ce qui se passe. Renvoyez mon consul qui est à Oran, afin qu'il rentre dans sa famille. Tenez-vous prêt. Tous les musulmans déclarent la guerre sainte. Vous ne pourrez, quoi qu'il arrive, m'accuser de trahison. Mon cœur est pur, et je ne ferai jamais rien de contraire à la justice.

« P. S. Lorsque j'ai écrit au roi, il m'a fait répondre que vous avez la direction de toutes les affaires pour la paix comme pour la guerre. Je choisis la guerre ainsi que tous les musulmans. Tenez-vous pour averti et répondez ce que vous jugerez à propos, puisque c'est à vous à parler et non à un autre. »

« La guerre était officiellement déclarée, remarque M. Nettement. On nous la faisait depuis huit jours. Elle devait durer sept ans. »

Le maréchal Valée n'avait pas assez de troupes sous la main pour essayer d'étouffer le soulèvement qui embrasait toute l'Algérie, sauf la province de Constantine. Il concentra ses opérations militaires dans le rayon d'Alger et dans le Tittery. Le général Rulhières inaugura heureusement la campagne en ravitaillant Blidah (15 décembre 1839). Quinze jours après, le maréchal Valée parvint à attirer Abd-el-Kader dans la plaine en avant de Bouffarick, le battit et lui enleva deux drapeaux, une pièce de canon et ses tambours : la cavalerie arabe prit la fuite sans oser défendre l'infanterie, qui tomba sous les coups écrasants du colonel Changarnier. Au printemps de 1840, l'armée se mit en marche : le port de Cherchel, dernier refuge de la piraterie algérienne, fut occupé (le 15 mars) et remis à la garde du lieutenant-colonel Cavaignac. Le 12 mai, le maréchal Valée, marchant sur Médéa, força le col de Mouzaïa.

Depuis six mois Abd-el-Kader avait entassé sur ce point les redoutes, les retranchements et les canons ; les pics abrupts, coupés de ravins qui dominent l'étroit défilé où l'armée devait se frayer passage, compensaient, au détriment de l'assaillant embarrassé d'un lourd convoi, les imperfections de la fortification arabe. L'émir avait rassemblé toutes ses forces régulières, et convoqué les Kabyles des provinces d'Alger et de Tittery à prendre leur part d'une victoire qu'il croyait infaillible. La division commandée par le duc d'Orléans fut chargée d'enlever les défenses de Mouzaïa. Le général Duvivier, ayant sous ses ordres les colonel Changarnier et Gentil, aborda le piton le plus élevé par un terrain inaccessible sur lequel les soldats ne pouvaient cheminer qu'en s'aidant de leurs mains. Accueillie par le feu des Kabyles, qui s'étaient retranchés dans chaque ravin, et embusqués derrière chaque rocher, la colonne continua son ascension sans répondre aux coups de fusil. Un nuage qui passait sur ces cimes élevées la couvrit d'une armure inattendue, et lui permit de respirer. Mais, aussitôt que le vent eut éclairci l'horizon, trois redoutes échelonnées dirigèrent sur les assaillants des décharges meurtrières : « Montons toujours, mes amis, disait le général Duvivier, qui, malade et s'appuyant sur une branche d'arbre, gravissait péniblement le rude sentier à la tête de ses troupes, nous arriverons toujours au sommet assez nombreux pour chasser les Arabes. » Les trois redoutes furent enlevées d'un seul bond ; les réguliers de l'émir qui occupaient le réduit de la cime essayèrent alors un mouvement offensif. Abordés eux-mêmes vigoureusement à la baïonnette, ils furent culbutés sur toutes les pentes, et le colonel Changarnier, qui avait joué dans tous les incidents de cette laborieuse ascension le rôle le plus brillant et le plus décisif, planta le drapeau de son régiment sur le point le plus élevé de l'Atlas. Tandis que la première colonne tournait ainsi le piton de Mouzaïa, la seconde colonne l'attaquait de front.

« Le colonel Lamoricière, chargé de ce mouvement, s'élança à la tête des zouaves, raconte le maréchal Valée. Toute la colonne suivit ; ces braves soldats montèrent péniblement sur une pente d'un accès presque impraticable. Une première redoute fut débordée et occupée rapidement ; une autre, enlevée par le premier bataillon des zouaves ; et la deuxième colonne se trouva séparée par une gorge à pentes abruptes d'un troisième retranchement, d'où l'ennemi dirigea contre elle un feu de deux rangs à demi-portée de fusil. Nous eûmes un moment d'anxiété pénible, mais bientôt nous entendîmes la marche du 2ᵉ léger qui débouchait sur les derrières ; les zouaves arrivaient alors au pied du retranchement. Par un élan d'enthousiasme ils s'y précipitèrent, et quelques moments après les deux colonnes faisaient leur jonction. »

Le duc d'Orléans enleva une deuxième batterie arabe qui commandait le défilé, et toute l'armée réunie se lança à la poursuite de l'ennemi. Les Kabyles prirent la fuite ; les réguliers d'Abd-el-Kader effectuèrent leur retraite en assez bon ordre du côté de Miliana.

La ville de Médéa fut occupée sans résistance par une garnison de deux mille hommes, sous les ordres du général Duvivier. Abd-el-Kader battu, mais non découragé, attendait le retour de l'armée à la tête de quatre à cinq mille cavaliers, qu'il destinait à porter les derniers coups, lorsque ses bataillons réguliers, habilement postés et soutenus par des masses de Kabyles, auraient jeté le désordre dans l'arrière-garde. Le 20 mai 1840, le bois des Oliviers, lieu célèbre dans les guerres d'Afrique par les fréquents combats qui y furent livrés, fut le théâtre d'une lutte mémorable. « Toutes les forces d'Abd-el-Kader tombèrent sur le 17ᵉ léger ; les cavaliers que la difficulté de terrain empêchait de combattre à cheval mirent pied à terre pour faire le coup de fusil. Le colonel Bedeau fit face partout, et se défendit avec autant d'habileté que de valeur[1]. » Boitant d'une blessure qu'il avait reçue quelques jours auparavant, et bientôt atteint d'une nouvelle balle au front, il ramena plusieurs fois ses soldats à la charge, et resta maître du terrain jonché de cadavres. Le général Dampierre et le commandant Renaut vinrent prendre leur part de cette lutte corps à corps, qui se prolongea pendant plusieurs heures avec des pertes considérables de part et d'autre. Les soldats continuaient le feu en emportant les blessés qui les excitaient au combat, et que des balles ennemies venaient achever sur les épaules de leurs camarades.

Le 8 juin, le maréchal Valée occupa Miliana.

Tandis qu'Abd-el-Kader subissait dans le rayon d'Alger ces échecs répétés, son khalifat de Mascara régnait dans la région de l'Ouest. Les choses commencèrent à changer de face lorsque, le 20 août 1840, le colonel Lamoricière eut reçu avec le grade de général le commandement de la province d'Oran, qu'il ne devait quitter que sept années plus tard, après avoir reçu la soumission de l'émir. Il avait organisé les zouaves et dirigé à Alger le premier bureau des affaires arabes. Aux talents militaires qui l'eussent illustré partout, le jeune général joignait donc une connaissance spéciale et supérieure du terrain sur lequel il avait à combattre et des intérêts qu'il devait administrer. Son premier soin fut de s'attacher étroitement les Douairs et les Smélas ; il les mit en possession d'un vaste camp retranché. Ainsi rassurés

[1] *Annales algériennes*, t. II, p. 590.

sur le sort de leurs familles et de leurs troupeaux, nos auxiliaires indigènes fournirent à nos colonnes, sans regarder derrière eux, une cavalerie infatigable, des guides sûrs et des espions. Le général Lamoricière forma avec les déserteurs de la cavalerie régulière d'Ab-el-Kader un corps spécial, les *Mekahalia*, et en confia le commandement à son officier d'ordonnance le capitaine d'artillerie Bosquet; puis, prenant l'offensive, il détruisit presque en entier à Sidi-Lakdar (18 janvier 1841) le bataillon régulier du khalifat de Mascara.

Un autre lieutenant d'Abd-el-Kader, Ben-Salem, khalifat du Sebaon, avait subi quelques mois auparavant un sort pareil. Le général Changarnier l'avait surpris le 17 septembre 1840, sur les rives du Boudaou, et l'avait mis en pleine déroute.

Le maréchal Valée fut rappelé en France le 18 janvier 1841 ; il avait su combattre et n'avait point négligé l'administration. L'organisation qu'il donna à la province de Constantine a servi de modèle au régime qui fut étendu peu à peu à toute la population indigène soumise et pacifiée.

De peur d'irriter le fanatisme musulman, les premiers gouverneurs de l'Algérie avaient surveillé avec défiance toute manifestation de l'esprit catholique ; c'était mal connaître les Arabes. La profession publique de la religion vraie les eût moins irrités, moins humiliés surtout que la crainte d'obéir à des maîtres qui affectaient de vivre comme des animaux, sans religion d'aucune sorte. « Vous êtes des chiens, tu ne pries jamais Dieu, » disait Abd-el-Kader à l'un de ses prisonniers. Les peuples incultes, n'étant point distraits de la présence de Dieu et de l'attente d'une autre vie par les soucis égoïstes et bornés des civilisations sceptiques, ne prennent point pour le dernier trait de la sagesse et de la force de l'esprit humain cette insouciance hébétée qui ne connaît point sur terre d'autre mobile que l'ambition, le lucre ou la volupté, et, à force d'avoir méconnu son origine et sa destinée, ne se sent plus digne de croire son âme immortelle. Les musulmans qui gardent la foi du Coran méprisent un homme sans piété et haïssent un peuple sans Dieu. La guerre sainte est également légitime contre les infidèles, les idolâtres et les athées.

Le gouvernement français obtint du pape, en 1838, qu'un évêché serait créé à Alger. Le maréchal Valée, mieux inspiré que ses prédécesseurs, ne craignit pas de laisser voir aux Arabes que la France n'était pas absolument dépourvue de religion : il encouragea la fondation des églises, il accueillit les ministres et protégea les institutions de la charité chrétienne ; il ne redouta point l'inoffensif et victorieux apostolat des bonnes œuvres.

Cette politique, au lieu d'envenimer la guerre, réussit aussitôt à en adoucir les coutumes cruelles, grâce à l'intervention courageuse de l'évêque d'Alger, monseigneur Dupuch, qui négocia de vive voix, sans escorte, en rase campagne avec Abd-el-Kader, au plus fort des hostilités, un cartel d'échange des prisonniers. Les indigènes admirèrent son courage et vénérèrent sa piété. Loin de s'irriter à la vue des marabouts français, loin de les menacer, les Arabes ont enseigné à certains colons à ne pas tant abhorrer la soutane et à ne pas clabauder contre la calotte. Les sœurs de la charité leur ont révélé le caractère et la dignité de la femme sous une forme idéale que leurs mœurs et leur religion leur interdisaient de concevoir. La sujétion aux Français, maîtres de la force, leur a paru moins dure, moins impossible, depuis qu'ils ont pu croire que Dieu n'avait pas choisi des athées pour leur imposer une domination nouvelle. En s'obstinant à cacher sa religion, la France risquait de perdre le bénéfice de la résignation musulmane; l'impiété fastueuse du vainqueur n'eût pas permis au vaincu de reconnaître dans la victoire, ainsi que le Coran le prescrit, la manifestation de la volonté divine.

III

Le général Bugeaud remplaça le maréchal Valée. Lors de la première reconnaissance que le nouveau gouverneur de l'Algérie fit aux environs d'Alger, au mois de février 1841, il remarqua avec douleur que les habitants européens des villages de Dely-Ibrahim et de Douera n'osaient pas même s'éloigner de quelques pas hors de leurs maisons pour cultiver la terre, et que la colonisation ainsi paralysée par la terreur n'avait guère d'autres représentants que des cabaretiers fiévreux, vendant aux soldats de l'absinthe. Les combats livrés par le maréchal Valée avaient rehaussé l'honneur des armes françaises et anéanti les meilleures troupes de l'émir. Cependant les Arabes, souvent battus, n'étaient réduits nulle part. Le sentier péniblement ouvert par les colonnes d'expédition à travers le pays soulevé se refermait sur leurs pas.

Cherchel, Médéa, Miliana, étaient définitivement acquis à la France; mais les garnisons qui les occupaient, incessamment bloquées et affamées, tiraient d'Alger toutes leurs ressources. Leur influence n'allait pas au delà de la portée de leurs canons. Il fallut tout le talent du général Changarnier, qui fut le plus souvent chargé de ravitailler Médéa et Miliana, pour faire réussir ces expéditions périodiques dont l'heure et la marche étaient à l'avance indiquées par la nécessité à un ennemi toujours aux aguets, toujours en armes et supérieur en nombre.

Le général Bugeaud, profitant de l'expérience recueillie par ses prédécesseurs, appliqua le système de guerre et de politique que de bons esprits à la tribune et dans la presse avaient préconisé depuis longtemps. Il comprit que la colonisation, but final de la guerre, ne jouirait jamais d'aucune sécurité si nous avions quelque part, parmi les Arabes ou les Kabyles, des ennemis indomptés ou des voisins insoumis. Il visa donc au renversement d'Abd-el-Kader, à la conquête définitive, et à la domination directe de l'Algérie. Il ne manqua ni d'argent, ni de soldats, ni de lieutenants excellents pour exécuter ses plans; son génie militaire et son talent d'organisation multiplièrent les ressources qu'il posséda. Il eut l'honneur d'asseoir la domination française sur l'Algérie.

« Mes idées sont complétement changées, » disait le général Bugeaud en arrivant en Afrique. En effet, partisan qu'il avait été de l'occupation restreinte, auteur du traité de la Tafna, il eut le mérite de reconnaître son erreur et le talent de la réparer avec tant d'éclat, que la génération présente a complétement oublié, et permettrait à peine à l'histoire de rappeler que le général Bugeaud, avant d'abattre Abd-el-Kader, avait contribué plus que personne, par l'excès de sa confiance, à le rendre redoutable.

Nous avons essayé, dans les pages qui précèdent, de rappeler au moins par une date ou par un trait les principaux épisodes de la conquête de l'Algérie ; mais, depuis que le général Bugeaud a pris la direction de la guerre, l'indispensable condition de tout récit rapide et complet, l'unité de temps et de lieu, s'évanouit. Les opérations militaires, concentrées par le maréchal Valée dans la province d'Alger, vont s'étendre à l'ouest jusqu'aux frontières du Maroc. L'armée d'Afrique, portée successivement de 80,000 hommes à 93,000 en 1841 ; à 103,000 en 1842 et 1843; à 110,000 en 1844, comptera près de 130,000 hommes en 1845. Elle se scinde en nombreuses colonnes qui poursuivent le même but, la défaite et la soumission des indigènes, à travers des incidents divers et imprévus.

L'impossibilité qu'il y a d'embrasser d'un seul coup d'œil et de rassembler dans un tableau réduit les actes de ce grand drame explique pourquoi l'opinion publique, plus équitable que de coutume, n'a pas absorbé dans la renommée du capitaine qui eut la gloire d'achever la conquête de l'Algérie l'illustration personnelle de ceux qui, par la continuité et l'éclat de leurs services, ont mérité d'être appelés les généraux d'Afrique.

Dans les guerres qui s'agitent sous les yeux, sous la conduite directe du général en chef, sur un théâtre exploré déjà par les armes, la justice imparfaite qui n'inscrit qu'à un rang secondaire les services des lieutenants principaux, quand elle n'immole pas à l'apothéose d'un seul nom les titres de toute une armée, se conçoit et peut se justifier : la pensée vaut mieux que le bras, le génie militaire est plus rare que le courage. En Afrique, des circonstances inusitées méritaient et ont obtenu une distribution plus large de la reconnaissance publique et de la renommée. L'étendue et la nouveauté du terrain qu'il fallait à la fois découvrir et conquérir, l'imprévu des incidents militaires et politiques, auxquels ni l'expérience ni le talent du général en chef ne pouvaient pourvoir à l'avance, ouvraient carrière à l'initiative des généraux détachés dans des commandements lointains ou dans la conduite d'expéditions concertées dont le but était fixe et la marche libre.

La guerre d'Afrique eut un autre caractère particulier : elle mit en relief et en honneur, non-seulement la bravoure et le talent spécial, mais encore les qualités intellectuelles et morales des généraux qu'elle a fait connaître.

« L'Algérie, dit M. Nettement, n'était pas uniquement un champ de bataille où l'on apprenait la guerre. Il fallait traiter avec des idées, des passions différentes des nôtres, étudier et comprendre une civilisation, une société, des intérêts qui n'avaient rien de semblable à ce que nous connaissions. La diplomatie, la politique, l'administration, se mêlant naturellement à la guerre, développaient les intelligences engagées dans ces luttes. »

Cette nécessité d'allier en Afrique la spéculation intelligente à l'action militaire a produit de durables monuments. Nous avons vu quel but élevé le général Cavaignac, méprisant dès le début de sa carrière les préjugés vulgaires de son état, désignait à l'ambition de l'armée conquérante. On doit au général Bedeau un projet de colonisation auquel un membre de la Chambre des députés, adversaire systématique de toute idée et de tout homme favorable à l'Algérie, M. Desjobert, n'a pu refuser cet hommage, qu'il respirait la politique la plus généreuse envers les Arabes, et renfermait des idées économiques *très-acceptables*, éloge exquis dans la bouche d'un juge si partial. Le général Lamoricière, lorsqu'il eut pacifié la province d'Oran, prit soin de faire reconnaître les points du territoire les plus favorables à l'établissement de colons européens. Les habitations et les villages qui s'élèvent chaque jour sur les emplacements qu'il a désignés, les cultures qui prospèrent sur les sols qu'il a choisis, attestent la sagacité de son administration et en perpétuent le bienfait. Le maréchal Bugeaud, après avoir achevé par la force et la modération la soumission des Arabes, proposa ses vues sur le moyen d'exploiter fructueusement l'Algérie. Si l'expérience n'a pas consacré son système de colonisation militaire, il a du moins légué à ses successeurs les conseils de la politique la plus intelligente et la plus noble. On lit dans le dernier de ses Essais sur les questions africaines :

« Nous devons tendre, par tous les moyens possibles, à nous assimiler les Arabes, à modifier graduellement leurs mœurs... Le premier de ces moyens, c'est la bonne et impartiale justice, qui ne les distinguera jamais des Européens [1]. »

Les fonctions militaires importantes, toujours compliquées, en Algérie, d'une grande part d'autorité civile et politique, exigeaient, pour être exercées avec fruit, la connaissance du langage, des mœurs, de la religion, de l'histoire du peuple arabe. Personne ne poussa plus loin ces études savantes que le général Duvivier, l'un des plus illustres officiers des premiers temps de la guerre d'Afrique, l'une des plus regrettables victimes des journées de juin. Écrivain de grand style, penseur original, il ne dédaignait pas de mêler aux travaux de la guerre les recherches du bibliophile. Il avait accepté de M. Villemain la mission officieuse de s'enquérir auprès des marabouts si l'un des ouvrages d'Aristote, le *Traité politique du gouvernement des Cyrénéens*, dont le texte grec est perdu, n'aurait pas été, comme on le suppose, traduit au moyen âge en arabe. Il savait compatir aux douleurs des érudits; il bouquinait en combattant. Très-versé dans la littérature arabe, il en eût remontré aux orientalistes de profession et n'aurait pas eu besoin de dictionnaire pour reconnaître et traduire le précieux manuscrit, l'unique part du butin qu'il ambitionnât dans le tumulte des razzias. Les ruines des monuments élevés par les Romains en Algérie sont pour l'épigraphie latine une mine inépuisable découverte par l'armée et savamment exploitée par toute une école d'officiers archéologues. Nous n'avons point dessein de dresser par avance le catalogue de la bibliothèque algérienne que le ministère de la guerre fait rassembler; plus d'un nom inscrit dans l'*Annuaire* se lira sur les rayons de cette collection.

Le tribut payé aux travaux de l'esprit par les sommités de l'armée d'Afrique, les efforts civilisateurs de ses chefs les plus renommés, la politique généreuse que plusieurs d'entre eux ne se sont pas contentés de pratiquer, et qu'ils ont en outre enseignée par leurs écrits, assurent la double popularité militaire et civile des principaux artisans de notre conquête et enseignent ce qu'il faut penser des légendes cruelles que l'imagination populaire mêle au récit de nos guerres contre les Arabes.

Parmi les militaires, il y a des fanfarons de cruauté qui se vantent

---

[1] *De la Colonisation de l'Algérie*. 1847, p. 88 et 90.

d'horreurs qu'ils n'ont pas commises; d'autres, dans leurs récits irréfléchis, transforment en coutumes journalières de rares et accidentelles extrémités, et imputent injustement à toute l'armée les torts de quelques soldats mal dirigés. Ce ne serait rien encore si le bourgeois ne croyait pas se donner des airs très-guerriers et racheter la placidité de ses mœurs en colportant des anecdotes féroces. J'en connais qui, sous une indignation feinte, cachent le puéril orgueil de faire trembler les enfants au récit des énormités qu'ils publient sans y croire. C'est ainsi que l'on répète que, si l'armée française, dans ses luttes contre les Arabes, s'est formée à des vertus militaires qui sont chez elle le fruit de l'habitude plus que le don de la nature; que si nos soldats, sous ce rude climat, ont appris à mépriser les fatigues et les privations à l'égal du danger, ils se sont trop souvent, au contact des mœurs farouches de leurs ennemis, désaccoutumés de la clémence. On assure que des trophées sauvages, des têtes coupées, des membres mutilés, faisaient l'habituel et abject ornement de nos victoires.

Tous les peuples qui ont fait des conquêtes ont eu pour politique de chercher des auxiliaires parmi les indigènes, et de faire de ces aigles ou de ces vautours plus ou moins apprivoisés une sorte d'appeau pour attirer l'espèce entière. Le conquérant apprend de ces transfuges, qu'il prend à sa solde, les éléments inconnus de la guerre nouvelle qu'il poursuit; en les faisant passer sous son drapeau, il tend à leur communiquer peu à peu une discipline meilleure; mais il ne dépend de personne de changer tout d'un coup ce qu'il y a de plus personnel dans le génie des races, de plus enraciné dans les mœurs des peuples : la manière de combattre l'ennemi et de traiter le vaincu. En acceptant, en recherchant même l'indispensable concours des corps indigènes (les zouaves de la première formation, les spahis, les tribus Magzen, les goums des tribus soumises), force était de prendre tels qu'ils sont ces auxiliaires incultes qui se croient obligés, par une sorte de rit religieux, de couper la tête de l'ennemi qu'ils ont tué, et se font gloire de porter au bout de leurs baïonnettes ou à l'arçon de leur selle ces trophées hideux. Trop souvent les peuples civilisés, aux prises avec des ennemis encore barbares, se sont abaissés, soit par une triste forfanterie, soit par esprit de représailles, à plagier la barbarie. C'est une dangereuse épreuve pour le droit des gens, que de se trouver en face d'un peuple à qui sa religion ordonne d'exterminer l'infidèle et ne défend pas de massacrer les prisonniers. Les hautes politesses de Fontenoy ne sont de mise qu'envers des ennemis capables de les comprendre et de les imiter. Le talion est la règle instinctive de la guerre. Certes, il n'est pas probable que, dans le cours d'une guerre de dix-sept ans, l'exaspération n'ait pas gagné parfois les soldats français, et que tous les officiers aient eu eux-mêmes assez de modération et de fermeté pour arrêter à temps l'enthousiasme du carnage, pour parler comme M. de Maistre. Ce qui est certain, et ce qui suffit à l'honneur de notre conquête, c'est que les généraux qui personnifient les travaux et les services de l'armée d'Afrique ont su faire la guerre avec assez d'habileté pour n'avoir pas besoin d'être cruels.

M. Nettement leur a rendu cette justice en s'appuyant du témoignage de l'écrivain militaire le plus autorisé, de l'exact et impartial auteur des *Annales algériennes :* le commandant d'état-major M. Pellissier de Reynaud, longtemps directeur du bureau arabe d'Alger, fut bien placé pour tout savoir et eut le mérite de tout dire. Voici la moralité qu'il tire de son récit de la guerre d'Afrique [1] :

« Il est à remarquer qu'en Algérie ceux de nos généraux qui s'étaient le plus distingués, tels que les généraux Changarnier, Bedeau, Lamoricière, et M. le maréchal Bugeaud lui-même, quoique son amour pour le paradoxe lui ait fait quelquefois soutenir des thèses contraires aux inspirations de son cœur, se sont constamment montrés ennemis des mesures sanguinaires, tellement que certaines gens les auraient volontiers accusés de faiblesse, si la vigueur de leurs actes militaires n'eut pas rendu impossible une semblable accusation. Des reproches de cruauté n'ont pesé que sur des personnages d'arrière-plan. »

Il est vrai qu'à l'encontre des pratiques consacrées désormais entre les nations civilisées la guerre d'Afrique s'attaqua aux intérêts privés, s'en prit aux personnes et à leurs biens, procéda tout à la fois par les armes sur le champ de bataille, et par la confiscation des troupeaux et des moissons.

Les nations sédentaires et centralisées tendent de plus en plus à concentrer entre les armées belligérantes les différends que la diplomatie ne réussit pas à trancher ; les soldats européens, renfermés entre les règles du droit des gens, comme des athlètes dans un cirque, vident la querelle dont ils sont les champions dans une seule campagne, sinon dans une bataille unique ou sur les remparts d'une ville capitale. La masse du peuple les regarde faire. Son patriotisme, s'il en a, l'intéresse à l'issue de la lutte ; sa personne et ses biens sont plus rarement qu'autrefois exposés aux caprices et aux insultes des deux partis. La centralisation abrège la durée des guerres modernes ; l'organisation des armées permanentes garantit la sécurité des particuliers et leur épargne le contre-coup des combats. Cependant un général qui commanderait dans une guerre européenne n'abuserait pas du droit de la guerre tel que les nations civilisées le pratiquent, même aujourd'hui, s'il frappait des contributions et des réquisitions militaires sur

---

[1] *Annales algériennes*, nouv. édit., t. III, p. 104.

le pays ennemi, pourvu qu'il les versât dans la caisse ou les magasins de l'État et non dans sa cassette particulière ou dans ses propres fourgons. L'esprit de dévastation et de rapine est désormais proscrit par le droit des gens et par les lois de l'honneur militaire; mais, tant que les nations se feront la guerre, elles ne s'interdiront pas de peser sur les intérêts privés, afin de décider, par les plaintes des gouvernés, la soumission des gouvernants, et d'alléger pour elles-mêmes les charges de la lutte.

En Afrique, nous avions à combattre la levée en masse d'un peuple nomade, insaisissable et disséminé par fractions indépendantes, obéissant à un gouvernement vagabond comme lui-même, fatiguant l'ennemi par des escarmouches incessantes, et ne se risquant point dans ces batailles dont le prix est la soumission du vaincu. Abd-el-Kader, dans la première période de la guerre qu'il déclara à la France en 1839, avait essayé de changer la tactique de l'Arabe. Il mit en ligne des bataillons organisés. L'insuccès des combats de Mouzaïa, du bois des Oliviers et de quelques autres le dégoûta de cette tentative; dès lors, il reprit les habitudes de combattre ordinaires aux Arabes et tint ses réguliers loin du feu; il les employait surtout à maintenir son autorité sur les tribus et à lancer et relancer contre nous les contingents arabes; il évitait d'engager directement les soldats qu'il avait façonnés à l'européenne, si ce n'est dans les occasions qui semblaient lui promettre à coup sûr la victoire. Ne pouvant arrêter la marche de nos troupes, l'émir évacua les villes qu'il occupait et les établissements qu'il avait nouvellement créés; il força les populations sédentaires à émigrer au loin, brûla ou ruina les édifices publics et même les maisons. Dès lors l'armée française, ayant à réduire un peuple qui, loin de mettre son point d'honneur à tenir de pied ferme, considérait la fuite comme une habileté, créait le vide autour de lui et se dérobait incessamment, à moins qu'il ne crût avoir la certitude du succès, fut obligée d'appliquer la seule méthode de guerre qui soit efficace contre les populations mobiles, et de saisir les seules richesses dont la perte ou le péril pouvaient amener l'ennemi à composition. Hors d'état d'atteindre avec son infanterie la cavalerie arabe, elle manœuvra de manière à surprendre et les populations qui fournissaient les cavaliers, et les troupeaux, moins agiles que leurs maîtres. Les denrées de diverses sortes, les moutons, les bœufs, les bêtes de somme, les chameaux saisis dans les razzias, subvenaient à l'alimentation et aux transports de l'armée; les familles mises en séquestre décidaient la soumission des hommes de guerre, jaloux de rejoindre leurs femmes et leurs enfants, et de récupérer une partie de leurs biens tenus en réserve.

Les Français n'ont pas inventé les razzias; ils ont imité, en l'humanisant, un moyen de coercition et de ravitaillement usité par tous les peuples qui ont lutté contre les populations nomades. Il est vrai que les Arabes auxiliaires et nos troupes régulières indigènes ont exercé trop souvent la fermeté et excité la sainte colère des chefs de colonnes qui ne voulaient pas laisser perpétuer les violences mises en honneur sous le régime turc.

IV

Après avoir indiqué le double aspect militaire et civil de la conquête de l'Algérie, et replacé sous son vrai jour un système de guerre faussé par ceux qui ont pris l'abus pour la règle et le moyen pour le but, nous retracerons, sinon les épisodes, au moins le plan et les principaux résultats des opérations militaires accomplies sous le commandement du général Bugeaud.

Le premier effort de la campagne de 1841 fut d'enlever à l'émir ses points d'appui, les villes qu'il occupait et les forts qu'il avait élevés sur la limite du Tell. Ces établissements ne furent pas défendus. Le difficile n'était pas de les prendre, mais de les atteindre. Abd-el-Kader les croyait à l'abri de nos coups, moins confiant dans la force de ses murailles, de ses retranchements, de ses canons, que sur les longues distances que nous aurions à parcourir sous le feu du ciel et de l'ennemi. De ces centres qu'il détenait, les uns sont occupés par les Français, les autres, trop éloignés, et dont la garnison courrait le risque d'être bloquée, sont rasés. Désormais l'émir, privé de ses lieux de ravitaillement et de refuge, cesse d'allier les ressources d'une puissance semi-organisée à cette mobilité ailée qui faisait comparer par le maréchal Bugeaud l'armée française, guerroyant contre les Arabes, à un taureau qui se débat contre des milliers de guêpes.

Abd-el-Kader est rejeté en rase campagne. Dépouillé de sa force empruntée, il ne demeure que trop redoutable. D'innombrables cavaliers, égaux à nos soldats par le courage, sont disséminés sur les pas de nos colonnes à travers l'Algérie et se relayent pour les harceler; l'art militaire l'emporte enfin sur le courage aveugle et sur le nombre. Le doute ou le découragement éloignent du prophète ses sectaires toujours battus. Des tribus arabes l'abandonnent et se tournent vers les maîtres de la force. Les villes que l'émir nous a abandonnées, après les avoir ravagées, Médéa, Miliana, Mascara, Tlemcem, sortent de leurs ruines. Bientôt, à mesure que notre domination s'agrandit, nous relevons nous-mêmes les stations que nous avons abattues au commencement de la guerre; nous en élevons d'autres qui servent de halte et de point de ravitaillement à nos expéditions lointaines, et de centre d'influence à notre politique. Nous ne sommes pas venus pour détruire : nous fondons des villes pour relier nos conquêtes.

Pendant longtemps l'émir s'était cru invincible; il se raillait de notre ambition : « Vous êtes des fous, des insensés, disait-il. Ja« mais vous n'atteindrez l'Arabe! Le pied de son cheval est plus léger, « plus sûr que celui de vos chevaux. Vous mourrez de maladies dans « nos montagnes, et les chrétiens que les maladies n'auront pas tués, « mes cavaliers les enverront à la mort avec leurs balles. »

Le mode d'organisation de nos premières expéditions justifiait ces jactances. Pendant toute la première période de la guerre d'Afrique, l'armée était emprisonnée dans un rayon étroit autour des villes du littoral par l'embarras et la pesanteur des bagages qu'elle traînait après elle ou qu'on disséminait sur le dos de chaque soldat. Ces convois, lourds et longs, difficiles à rassembler avant le départ, difficiles à garder pendant la route, rendaient toute prise d'armes instantanée impossible, tout passage de défilés dangereux. Le général Cavaignac raconte que, dans le cours de la première expédition de Constantine, un officier général, voulant adresser une parole d'encouragement à un soldat indigène du corps des zouaves, dont cependant on évitait sagement de charger les hommes, et le consoler de l'énorme poids que la nécessité de la route avait obligé d'imposer à chacun, lui disait « : Courage, zouave. — Moi, répondit l'indigène en secouant tristement le garde-manger, le garde-meuble, le bûcher qu'il portait, moi pas zouave, moi *chameau*[1]. »

La difficulté de mobiliser les troupes et de les faire vivre sans les accabler sous le fardeau des approvisionnements dans un pays où l'on n'a pas la ressource des réquisitions, et où l'on manque souvent de bois et d'eau, avait exercé le génie inventif des généraux romains. En dépit des révolutions introduites dans l'économie de la guerre par le progrès des arts et des sciences modernes, l'immutabilité du climat et la similitude des mœurs entre les races autochthones et les peuples qui ont immigré en Algérie, ont laissé subsister, de nos jours, les conditions fondamentales de la lutte africaine, telle que les historiens de l'antiquité l'ont décrite. Marius dut ses succès contre Jugurtha au talent qu'il eut d'alléger le bagage de ses soldats. Encore ne marchaient-ils pas à vide; le bât qu'ils portaient était lourd. On les appelait, non pas les chameaux, mais les mulets de Marius. Théodose fut plus habile. Il fit, en Afrique, des expéditions lointaines, sans emporter de vivres. C'était une de ses maximes, raconte Ammien Marcellin, que les moissons et les amas de blé des ennemis étaient des greniers préparés d'avance à la valeur de ses soldats. Le général Lamoricière commenta ce

[1] *De la Régence d'Alger*, p. 256.

passage et le mit en pratique. Il débarrassa les soldats des sacs de vivres qui les exténuaient, leur fit distribuer des petits moulins à bras, et les habitua à fabriquer leur pain avec les grains entassés, tout exprès, dans les silos des indigènes. Déjà une ingénieuse invention, la *tente-abri*, propagée dans toute l'armée par le général Bedeau[1], avait rendu le campement des Français plus portatif que celui des Arabes. Le général Bugeaud, soldat de l'Empire, profitant de l'expérience des guerres d'Espagne, avait mobilisé le matériel. Désormais les Arabes avaient perdu leur meilleure ressource. Le désert ne leur fut plus une retraite assurée.

Les opérations militaires dont nous venons de tracer le plan remplirent les trois premières années du commandement du général Bugeaud (février 1841; novembre 1843). L'émir fut attaqué dans la province de l'Ouest, centre de sa puissance; sa place d'armes de Tekedempt fut détruite; Mascara fut occupé; Saïda, ancienne ville, dont il avait fait restaurer l'enceinte, fut rasée. En même temps, le général Baraguay-d'Hilliers, opérant dans le sud de la province d'Alger, renversait les établissements de Boghar et Thaza.

Les Arabes ne doutaient plus que la France n'eût la volonté et par conséquent la puissance de régner en Algérie. Plusieurs chefs des Medjehers, ancienne tribu du Maghzen, suspects à l'émir depuis qu'ils avaient fait, en 1836, des ouvertures pacifiques au général Perregaux, avaient résolu de se soustraire à un maître trop dur; ils sentaient le besoin d'être protégés par les armes françaises; mais ils hésitaient à se soumettre, sans intermédiaire, à l'autorité chrétienne. Dans cette anxiété, ils s'étaient adressés au descendant d'une famille turque qui avait autrefois commandé dans la province d'Oran. Le général Bugeaud, qui savait faire la paix et la guerre, ménagea soigneusement les dispositions des Medjehers. Il respecta leurs scrupules, et se contenta de se les attacher par un lien d'abord presque insensible, en investissant du titre de khalifat le chef turc qui avait mérité leur confiance. Ainsi commença dans l'Ouest le démembrement de la puissance d'Abd-el-Kader. L'activité des colonnes de Mascara et de Mostaganem, commandées l'une par le général Lamoricière, l'autre par le général Bedeau, réduisirent les autres tribus placées entre ces deux villes à se soumettre à la France. Bientôt notre influence fit un grand pas dans la subdivision de Tlemcen.

Les Arabes et les Kabyles qui habitent au nord de cette ville, poussés à bout par les exactions du khalifat qu'Abd-el-Kader leur avait imposé, se révoltèrent et se choisirent pour chef un marabout qu'ils décorèrent

---

[1] Voir les *Zouaves et les Chasseurs à pied, et de la guerre en Afrique*, par le général Yusuff.

du titre de sultan. Celui-ci ne se sentit pas de force, malgré la majesté de son titre, à lutter seul contre l'émir. La prudence l'emportant sur le fanatisme dont il était animé, il accepta l'appui du général Bugeaud. Tlemcen fut occupé par les troupes françaises (30 janvier 1842). Le général Bedeau vint de Mostaganem y prendre le commandement supérieur.

La contiguïté du Maroc, la turbulence des tribus arabes qui trouvaient dans cet empire un refuge, des subsides et des auxiliaires; l'esprit belliqueux des populations kabyles de la haute et basse Tafna, avaient fait jusque-là du pays de Tlemcen un des principaux points d'appui de la puissance d'Abd-el-Kader. Le général Bedeau le lui enleva par les armes et la politique. La ville de Tlemcen était déserte et dévastée. Peu à peu la population, rassurée par l'exacte discipline des soldats français et par les promesses de protection qui lui furent données, vint relever les ruines de ses maisons, et, bientôt organisée en une garde urbaine, protégea la culture de ses jardins et de ses champs, tandis que la guerre continuait sur les frontières du Maroc. Les marchés furent abondamment fournis, les tribus de la plaine, entraînées vers la France par le spectacle de cette prospérité autant que par la force des armes, demandèrent à être soustraites à l'autorité du marabout qu'elles avaient choisi; elles se placèrent spontanément sous le patronage direct de la France. Le sultan de Tlemcen, abandonné de ses propres sujets, cherchait à faire une fin honnête; il se décida, sur le conseil poli du général Bedeau, à aller en pèlerinage à la Mecque. La ville kabyle de Nedroma, grand marché fréquenté par tout le pays berbère de Tlemcen et par les tribus du Maroc, avait été, sous les beys, exploitée par un caïd turc, et, sous l'émir, par un caïd arabe. Le sultan provisoire de Tlemcen, voulant s'assurer de cette place, n'avait rien imaginé de mieux que de prendre en otage et d'emprisonner les principaux habitants. Le général Bedeau les fit mettre en liberté; il leur demanda s'ils n'étaient pas las d'être pressurés par des maîtres étrangers à leur race, et si leur propre sang était si pauvre, qu'il n'eût pas encore produit des hommes capables de les commander, sous la protection de la France. Il opposa au souvenir des avanies qu'ils avaient essuyées la sécurité dont un pouvoir réglé par les lois les ferait jouir. C'était la première parole d'équité et de bienveillance que ces populations, dont l'histoire n'est qu'un flux et reflux d'oppressions et de révoltes, eussent encore entendue. Les habitants de Nedroma comprirent un langage dont la nouveauté les charma. Un chef kabyle, désigné par eux, reçut l'investiture française. Quelques jours après, les tribus voisines sollicitèrent la faveur de relever de lui. Abd-el-Kader vint attaquer, à deux reprises, les murs de la ville, désormais soustraite à son influence. Les habitants, organisés en milice, pourvus d'armes et de munitions par le général français, montrèrent une fidélité qui n'a jamais varié.

L'émir se consolait aisément des revers qu'il essuyait sur les champs de bataille. « Aujourd'hui à toi, demain à moi : » c'était un des axiomes de son optimisme. Son jour n'arrivait pas souvent, mais il ne se lassait pas de le chercher. Le démenti vivant donné aux projets odieux qu'il prêtait aux Français pour exaspérer les Arabes le troublait davantage. Aussi vint-il, dans sa colère, offrir trois fois le combat au général Bedeau. Vigoureusement battu, le 21 mars 1842 à Hanaïa, le 12 avril à l'Oued-Zeithoun, le 30 avril à Bab-Thaza, il lâcha prise et laissa le commandant de Tlemcen « consolider par la paix ce qu'il avait obtenu par la guerre. « Instruit de tout, mais assez sage pour discerner ce qu'il devait affecter « de ne pas voir, il ne tint jamais grand compte ni des exigences tou- « jours exorbitantes des vainqueurs ni de la mauvaise humeur quel- « quefois irritante des vaincus. Par cette conduite supérieure aux pe- « tites passions des masses, il usa celles-ci et parvint en peu de mois « à faire du pays naguère le plus agité une des contrées les plus soumi- « ses de l'Algérie[1]. »

Le général Walsin Esterhazy raconte que, parcourant, en 1849, la subdivision de Tlemcen pour rassembler les documents de son Histoire du *Maghzen d'Oran*, et visitant les Beni-Amer, l'une des grandes tribus de la province, il les trouvait pleins de reconnaissance pour l'organisation sage, paternelle, bienveillante, que le général Bedeau, huit années auparavant, leur avait donnée après les avoir vaincus.

Les succès de la politique parfaitement droite et généreuse sont, dans l'histoire générale, des intermèdes consolants sur lesquels on ne saurait trop s'étendre quand on a le bonheur de les rencontrer ; mais, ne pouvant suivre ici jusque dans ses applications particulières le système de gouvernement et d'administration que l'un des meilleurs disciples du maréchal Valée mit en œuvre à l'égard des indigènes, nous nous contenterons de reproduire la formule qu'il en a donnée lui-même, avec l'autorité d'une expérience heureusement pratiquée pendant six années de commandement, tant à Tlemcen qu'à Constantine.

« Des hommes qui ont vécu avec le peuple arabe ont écrit qu'il serait toujours systématiquement hostile ; que les préceptes mêmes de sa croyance religieuse le rendaient incapable d'associer ses intérêts aux nôtres ; que son abaissement moral exigeait une domination violente prolongée, l'anéantissement de toutes les influences auxquelles il obéit, l'asservissement de sa pensée, avant qu'on pût espérer lui faire accepter le germe de notre civilisation progressive.

---

[1] Pélissier. — *Annales Algériennes*, t. III, p. 18. — Voir aussi *Histoire de la Conquête de l'Algérie*, par de Montrond, capitaine d'artillerie, t. II, p. 133.

« J'ai le bonheur de ne partager aucunement ces opinions attristantes.

« Je ne crois pas à la haine du peuple arabe pour nos arts et notre bien-être social, parce que je trouve dans son histoire même, dans les traces si nombreuses de ses arts, importés et appliqués en Europe, la cause de ma conviction; parce que, s'il s'est montré différent dans certaines parties de l'Afrique, c'est qu'il a toujours vécu au milieu des révolutions, dans l'état de violence et d'anarchie, et, quand il était dominé, dans l'état d'exploitation, qui tous sont incompatibles avec la fixité et le développement de l'intérêt social. Je ne crois pas qu'il soit insensible aux influences qui, partout et toujours, ont pénétré l'homme.

« Quel est le commandant français en Algérie qui n'a pas à citer de nombreux exemples de reconnaissance pour le bien qu'il lui a été donné de faire aux indigènes? Combien de chefs se sont fait tuer déjà pour soutenir notre cause? combien d'autres nous ont donné l'éveil sur des trahisons qui se préparaient? combien de fois, enfin, n'avons-nous pas entendu des populations entières nous remercier de la paix qui assurait leur bien-être? combien de fois les avons-nous vues, quand cette paix était menacée, nous donner un concours efficace pour repousser le dommage et maintenir le bienfait?

« Non, ceux qui ont fait le bien aux indigènes, qui l'ont fait avec sincérité, persistance et intelligente habileté, n'ont pas eu à se plaindre de l'ingratitude de ce peuple, s'ils ont voulu tenir compte de tous les détails qui ont composé, dans les différents lieux, entre les différents hommes, les relations réciproques; s'ils ont su ménager les usages, les mœurs, la religion, et surtout l'amour-propre, vivement excitable chez tous et chez les Arabes en particulier.

« Mais il faut un bien grand empire sur soi-même, il faut une bien ferme volonté, une étude bien attentive pour être certain, tout en exerçant le commandement sur un peuple, de modérer, dans les actions de détail, le froissement primitif que la puissance étrangère apporte avec elle partout où elle s'établit. J'affirmerais malheureusement qu'une des causes de ces hostilités qui se manifestent trop souvent entre les Européens et les indigènes tient au défaut de cette prévoyance de la part du peuple dominateur, et j'en conclurais que l'autorité doit toujours en recommander, exiger et surveiller la pratique...

« Notre tâche, en Afrique, présente cette singularité toute particulière dans l'histoire des conquêtes : c'est qu'en réalité notre intérêt bien entendu, notre intérêt égoïste, si je puis dire, nous oblige à civiliser la population indigène, à développer, à grandir son bien-être, pour assurer le nôtre. Cette idée peut paraître étrange. Elle se démontre juste avec facilité.

« En faut-il d'autres preuves, que toutes les instructions constamment données depuis cinq années à tous les commandants supérieurs? Elles ont toujours recommandé l'exercice des principes d'équité, de justice, de bienfaisance, de sollicitude, dont on pourrait désirer l'accomplissement dans sa propre patrie. Nous avons eu la volonté d'apporter l'ordre dans un pays où le règne de la force dominait avant nous tous les droits. Nous avons cherché à surmonter les haines que le gouvernement précédent avait sans cesse excitées entre les tribus. Nous nous sommes efforcés de faire accepter par tous la puissance de la loi, pour remplacer la triste coutume qui existait aussi chez presque tous de se faire justice à soi-même[1]. »

Abd-el-Kader, chassé par les armes de la subdivision de Tlemcen, et abandonné des populations qui pour la première fois reposaient à l'ombre d'un pouvoir qui n'abusait pas et d'une force qui les protégeait, se jeta dans le sud de la province d'Oran et entra en lutte avec le général Lamoricière qui travaillait à réduire la puissante tribu des Hachems. Aussi agile, mais plus habile que son redoutable ennemi, le général Lamoricière le harcelle et le déconcerte par l'imprévu de ses mouvements et le long essor de ses expéditions. Il rayonne en tous sens et par tous les temps autour de Mascara son quartier général, il parcourt des distances jusque-là impossibles, sans être ramené en arrière par la nécessité de se ravitailler. N'étaient les munitions de guerre qui s'épuisent, n'étaient les blessés et les éclopés que l'hôpital réclame, ces colonnes volantes iraient toujours alertes et toujours battant. Vaillamment secondé par les généraux d'Arbouville et Gentil, et par le colonel Géry, le général Lamoricière désorganisa dans le sud de la province d'Oran la puissance de l'émir, recueillit de nombreuses soumissions et rejeta les insoumis dans le désert.

Pendant le cours des années 1841 et 1842, le général Bugeaud et le général Changarnier, agissant tantôt isolément, tantôt de concert, dirigeaient avec un succès éclatant les opérations militaires dans la province d'Alger. Ils obtinrent la soumission des tribus de la plaine, et parvinrent même à briser la résistance obstinée des tribus de l'Ouarensenis, qui avaient à peine souffert le joug des Turcs et toujours trouvé un refuge dans les gorges de leurs montagnes. Parmi les nombreuses journées qui illustrèrent le général Changarnier, on cite le combat d'Oued-Fodda (19 septembre 1842) comme l'une des plus valeureuses actions de la guerre d'Afrique.

Une station, destinée à devenir une ville sous le nom d'Orléansville, fut établie aux bords du Chéliff entre Miliana et Mostaganem, sur les ruines romaines d'El-Asnam, afin de tenir en respect ce pays difficile. Le colonel Cavaignac, premier commandant de ce poste, eut, en 1844, pour successeur le colonel Saint-Arnaud.

Abd-el-Kader essaya d'affermir par la terreur son prestige chancelant. Les razzias exercées par les Français étaient, nous l'avons dit, un moyen militaire de coercition et d'approvisionnement; l'émir en fait un système de dévastation calculée; il dépouille, il ruine impitoyablement les tribus qui l'ont abandonné. On dirait Attila : l'herbe ne pousse

---

[1] *Projets de Colonisation pour les provinces d'Oran et de Constantine*, présentés par MM. les lieutenants généraux de Lamoricière et Bedeau, p. 195 et suivantes. 1847.

plus là où le pied de son cheval a passé. Ce n'est plus assez pour sa vengeance de faire tomber la tête des cheicks qui ont déserté sa cause. Il mutile les traîtres, il leur fait couper les pieds et les mains. Ces cruelles exécutions que le Coran permet, s'il ne les prescrit pas aux défenseurs de la foi, lui servirent de peu.

Le duc d'Aumale lui porta le coup le plus sensible. Après avoir marché deux nuits de suite, et précédant à longue distance son infanterie, le jeune général était arrivé, à la tête d'une colonne légère, aux sources de Tagguin, où il savait que la Smala, la capitale mobile de l'émir, avait posé ses tentes. Plusieurs milliers d'hommes armés accompagnaient la multitude des femmes, des enfants, des vieillards, des marabouts, des esclaves, et un immense bagage. Les officiers qui entouraient le prince, plus prudents pour lui qu'ils ne l'eussent été pour eux-mêmes, lui conseillaient de ne pas attaquer avant qu'il eût été rejoint par le gros de sa troupe. Mais le duc d'Aumale ne voulut pas que la présence d'un fils du roi dérobât à l'armée la chance d'un succès décisif. Devinant la pensée des officiers qu'il avait consultés et qui, par sollicitude pour lui, l'engageaient à temporiser, au risque de laisser perdre l'occasion irréparable de ruiner le prestige d'Abd-el-Kader, il puisa dans sa dignité même le droit d'être téméraire. « Messieurs, leur dit-il, les princes de mon sang ne reculent pas. Chargeons ! » Horace Vernet, dans une toile immense qui est moins un tableau qu'une narration, a représenté ce brillant coup de main. L'imprévu et la vigueur de l'attaque menée, sous les ordres du prince, par les colonels Morris et Jusuff compensèrent la disproportion des forces. L'effroi et la confusion de la foule impropre au combat paralysèrent la résistance des hommes armés. Trois cents d'entre eux furent tués, le reste demanda grâce; les archives, le troupeau, le trésor, quatre drapeaux, un canon et environ trois mille prisonniers restèrent en notre pouvoir [1].

La perte de la Smala irrita Abd-el-Kader sans le décourager. Les revers avaient beau s'accumuler sur ses partisans, il essaya d'en étouffer le retentissement par la multiplicité de ses incursions soudaines. Cependant il fut contraint de se retirer dans le Maroc au printemps de 1843. Ses deux derniers bataillons de réguliers marchaient pour le rejoindre, lorsque, cernés dans la forêt de la Jacoubia par deux colonnes parties de Mascara, ils furent écrasés par le général Tempoure au combat d'El-Malah (11 novembre 1843).

La paix régnait dans la province de l'Ouest et dans l'Ouarensenis, attaqué de trois côtés à la fois, au mois de mai 1843, par le général

---

[1] *Notice sur l'expédition qui s'est terminée par la prise de la Smala d'Abd-el-Kader*, le 16 mai 1843.

Changarnier à l'est, le général Bugeaud au centre, le général Lamoricière à l'ouest. Un dernier khalifat de l'émir, établi à Biskara, dans les Zibans, menaçait le sud de la province d'Alger; le duc d'Aumale alla le débusquer, tandis que le général Marey faisait apparaître à Laghouat, à cent trente lieues d'Alger, le drapeau français.

V

Le gouverneur général de l'Algérie, l'organisateur et le commandant en chef de cette glorieuse campagne, avait reçu, au mois d'août 1843, le bâton de maréchal de France. Les Arabes avaient fait leur soumission et promis fidélité à la France. Libre de suivre ses projets persévérants contre la Kabylie indépendante, le maréchal Bugeaud, au printemps de 1844, s'appliquait à consolider et à étendre sur les rives de l'Isser les résultats qu'il avait obtenus dans une campagne précédente. Il avait occupé le port de Dellys, et chassé de sa dernière retraite Ben-Salem, un des lieutenants d'Abd-el-Kader, lorsqu'il fut appelé sur les frontières du Maroc par l'imminence d'hostilités nouvelles.

Étrange et scandaleux phénomène que ce royaume de Maroc, en proie aux deux fléaux opposés qui se succèdent dans les sociétés mal réglées, et n'ont pas coutume de marcher de compagnie : le despotisme sans frein et l'anarchie en permanence. L'empereur est revêtu d'un double caractère religieux et politique, il est chérif et sultan; mais une corporation de marabouts fanatiques, qui étend jusque dans l'Algérie son influence occulte, gouverne sous son nom. Il ne peut ni monter ni demeurer sur le trône sans leur assentiment; telle partie de ses États lui est interdite, s'il n'est muni, comme un voyageur étranger, d'un sauf-conduit des véritables souverains de son empire. A voir sa cavalerie régulière de dix à douze mille nègres, son armée permanente, ses parcs d'artillerie, ses arsenaux bien pourvus par les commerçants de Gibraltar, on le prendrait pour un chef d'une puissance organisée. Cependant une partie des populations barbares qui habitent le Maroc est en rébellion constante contre le pouvoir nominal de l'empereur. La piraterie règne impunie sur les côtes du Riff, comme sur toutes les côtes barbaresques avant la prise d'Alger.

La France ne manquait de griefs ni contre l'empereur de Maroc, ni contre ses sujets, qu'il tyrannise sans les maîtriser. Les tribus marocaines, les plus voisines de la province d'Oran, avaient commis plus d'une agression sur notre territoire. Elles étaient en complicité permanente avec les tribus algériennes, dont Abd-el-Kader provoquait l'émigration hors de nos frontières. Les Marocains coupables de ces méfaits n'obéissent, à vrai dire, à personne. Aussi le gouvernement français, appréciant sagement les circonstances, tenant compte à l'empereur Muley-Abder-Raman de la faiblesse réelle de son pouvoir, se bornait-il à demander des garanties pour l'avenir : la délimitation de la frontière, l'engagement de ne plus recevoir les tribus qui chercheraient à se soustraire à notre domination, la dispersion des troupes régulières de l'émir, et enfin l'internement de l'émir lui-même. Bien des gens taxèrent de faiblesse ces conditions habilement modérées. Ils s'étonnaient que la France n'exigeât pas l'extradition d'Abd-el-Kader. Dupes des mots, ignorant les choses, ils croyaient que l'empereur du Maroc pouvait tout parce qu'il possédait le titre et l'appareil d'un souverain absolu.

Muley-Abder-Raman avait encouragé et secondé l'ambition de l'émir tant qu'il n'avait vu en lui qu'un ennemi des infidèles. Personne, après la France, n'avait plus contribué que l'empereur de Maroc à la fortune du fils de Meheddin. Mais, depuis le traité de la Tafna, l'émir avait conquis sur les populations indigènes de l'Afrique une autorité morale qui balançait celle du chérif. Il est à croire que Muley-Abder-Raman, s'il n'eût dépendu que de lui d'agir selon son intérêt personnel, eût volontiers expulsé de ses États le rival prochain de son autorité religieuse, le compétiteur possible de son trône. Désirs inutiles : Celui qui gouverne des hommes à quelque titre, sous quelque forme que ce soit, par la ruse, la violence ou la justice, est obligé, bon gré mal gré, de tenir compte de leurs opinions ou de leurs passions. Abder-Raman, s'il eût fait mine de chasser de ses États le héros de la guerre sainte, accueilli avec enthousiasme par les populations marocaines, de le chasser sur l'injonction des chrétiens, eût excité contre lui-même la haine et le mépris de son peuple. Exiger de l'empereur de Maroc qu'il remît Abd-el-Kader entre nos mains, c'était lui demander moins qu'il n'eût voulu accorder, et beaucoup plus qu'il ne pouvait tenir. C'était peut-être provoquer une révolution intérieure et substituer à un monarque peu belliqueux, peu habile, mal obéi de ses sujets, un adversaire dont nous avions appris à connaître, sinon à redouter la vaillance, le génie politique et le talent d'organisation. Trop de rigueur envers l'émir vaincu eût, en ce moment, autant servi à sa grandeur que la condescendance abusive du traité de la Tafna.

Le gouvernement français ne commit pas une seconde fois la faute de tenir l'étrier à son ennemi, et de l'armer de pied en cap; il s'abstint d'exigences qui eussent flatté la vanité de la nation et trahi son intérêt. Le maréchal Bugeaud eut mission de régler la situation avec le Maroc et d'éviter la guerre; il remplit ses instructions avec la persévérance la plus ferme et la plus loyale.

Lorsque le gouverneur de l'Algérie débarqua à Oran avec des renforts, au mois de juin 1844, les hostilités étaient engagées déjà par le fait des populations marocaines auxquelles Abd-el-Kader avait persuadé que la France, maîtresse de l'Algérie, ambitionnait de pousser plus loin ses conquêtes. Le général Lamoricière, faisant élever sur la frontière, à Sebdou et à Lella-Maghnia, des travaux de défense, fut attaqué par une troupe de 5,000 cavaliers réguliers du Maroc, sans compter les Arabes qui avaient émigré avec Abd-el-Kader; il les mit en déroute après un combat opiniâtre. Le maréchal Bugeaud, arrivant sur ces entrefaites, n'avait qu'à laisser courir les événements, s'il eût préféré la guerre et le profit de sa renommée personnelle à l'intérêt de son pays. Loin de là, fidèle organe du gouvernement qui espérait terminer le différend par la diplomatie, il demanda une entrevue au lieutenant que l'empereur de Maroc, alarmé sur nos intentions par Abd-el-Kader, avait envoyé à la frontière pour nous observer et pour renforcer l'autorité du caïd d'Ouchda. La conférence fut troublée par des bandes indisciplinées. Le lieutenant de l'empereur essaya vainement de les contenir, avant de les abandonner au châtiment sévère que la cavalerie indigène du maréchal Bugeaud leur infligea. Les spahis rapportèrent au camp cent cinquante têtes. Les négociations orales ayant échoué, le maréchal Bugeaud essaya de négocier par écrit; il somma deux fois le chef marocain d'accéder aux justes demandes de la France; n'ayant point reçu de réponse, il franchit la frontière et occupa la ville d'Ouchda. Ce n'était encore qu'une démonstration. Aucun dégât ne fut commis dans la ville. Bientôt l'armée française rentra sur son territoire, prouvant ainsi sa force et sa modération, et laissant à l'empereur Muley-Abder-Raman le temps de réfléchir sur la sommation que, le 23 juillet 1844, le prince de Joinville, à la tête d'une flotte sortie de Toulon, avait portée à Tanger.

Pendant quarante-cinq jours, du 1er juillet au 14 août, l'armée française s'était tenue en observation; mais sa présence même irritait la fièvre de guerre et de fanatisme qu'Abd-el-Kader avait répandue dans le Maroc. Le camp marocain grossissait chaque jour. Le fils de l'empereur était venu en prendre le commandement. Des émissaires envoyés à nos tribus les excitaient à se soulever et annonçaient que nous allions être chassés de Tlemcen, de Mascara, d'Oran et même d'Alger. Le maréchal Bugeaud n'hésita plus. La nouvelle du bombardement de Tanger par le prince de Joinville lui était parvenue. Il savait que les contingents des tribus marocaines étaient convoqués, il voulut les prévenir, et marcha sur le camp d'Abder-Raman. Le 14 août 1844, une armée de 9,000 hommes, renouvelant le prodige d'Héliopolis, mit en déroute à Isly 25 à 30,000 cavaliers. Le combat dura quatre heures, le général Bedeau commandant l'aile droite, et le colonel Pélissier l'aile gauche.

Le général Lamoricière se tenait, sans emploi spécial, à la disposition du général en chef.

Le gouvernement du roi persista, malgré l'éclat de la bataille d'Isly, malgré le succès du bombardement de Tanger et de Mogador, malgré l'étonnement et même les reproches de l'opinion publique, dans la modération que son intérêt lui avait conseillée. Profiter des revers essuyés par l'empereur de Maroc pour lui imposer, selon l'usage et le droit du vainqueur, des conditions plus dures qu'avant le combat, et qu'il n'aurait pu tenir sans mettre en péril son pouvoir affaibli, c'eût été jouer trop naïvement le jeu d'Abd-el-Kader. « Demander autre chose à l'empereur de Maroc, disait le maréchal Bugeaud à la Chambre des députés, c'était lui rendre impossible l'exécution du traité. » L'empereur Abder-Raman finit par ratifier, le 10 septembre 1844, le traité de Tanger, dont l'effet le plus positif fut le règlement définitif de la frontière entre le Maroc et l'Algérie française. Une convention additionnelle, négociée par le général Delarue, le 18 mars 1845, procéda à cette délimitation.

La poudre avait cessé de parler en Algérie, lorsqu'au mois d'avril 1845 un marabout originaire du Maroc, et marié dans une des tribus du Dahra, Mohammed-Ben-Abdallah, proclama la guerre sainte aux environs de Mostaganem et d'Orléansville. Une chèvre, sa compagne et son guide inspiré, lui avait révélé sa vocation de chérif, et, par ses tours d'adresse, formait autour de lui un cercle d'admirateurs et de séides. Il se disait l'allié des sultans de Constantinople et de Tunis, de l'empereur de Maroc et d'Abd-el-Kader. Ses puissants amis l'avaient reconnu pour le véritable maître de l'heure annoncée par les livres saints et s'étaient engagés à le saluer comme le sultan des sultans, se contentant pour eux-mêmes du titre de ses khalifats, s'il parvenait à chasser les chrétiens. De prétendues lettres, revêtues de cachets pompeux, qu'il étalait aux regards, appuyaient ses impostures. Il n'en fallait pas tant à cette époque pour se créer en Algérie un parti de vauriens, d'aventuriers et de fanatiques. Audacieux, cruel, sans scrupule, plus habile qu'il n'eût besoin de le paraître sur le théâtre de ses grossiers artifices, Bou-Maza, chef de bandes trop vanté, tint en alerte et mit en relief le colonel Saint-Arnaud et les lieutenants-colonels Canrobert et Mellinet, commandants d'Orléansville, Tenez et Mostaganem.

Abd-el-Kader, vaincu, mais non découragé, se tenait à l'affût sur les confins du Maroc, épiant l'occasion de rentrer en armes dans l'Algérie. Il la rencontra ou la fit naître, et sut l'exploiter.

Le lieutenant-colonel de Montagnac, commandant supérieur du poste de Djema-Ghazouat, ému par le bruit d'une attaque prochaine de l'émir, avait formé la résolution téméraire de protester, avec sa faible garnison, contre la violation de notre frontière et de couvrir les tribus voisines qui réclamaient perfidement sa protection. Averti du danger qu'il courait, il aima mieux marcher en avant que d'abandonner ses alliés dont il ne soupçonnait pas la trahison. Entouré par des milliers d'ennemis, il périt à la tête de ses soldats qui, après avoir épuisé leurs cartouches, tombaient un à un, disait un témoin, comme un vieux mur. Une compagnie, restée en arrière à la garde des bagages, réussit à gagner un marabout entouré d'une petite cour, et, là, se défendit pendant trois jours. L'émir, blessé dans le combat et renonçant à les prendre de force, après avoir tenté des assauts inutiles, fut réduit à les bloquer de loin, jusqu'à ce que les uns succombassent, les autres fussent faits prisonniers dans une sortie désespérée. Trois cent cinquante-sept Français furent décapités par les Arabes à Sidi-Brahim. Les prisonniers, au nombre de soixante-douze, dont quatre seulement n'avaient pas de blessures, eurent l'office de laver les têtes coupées, de les oindre de miel et de beurre et de les entasser dix par dix dans des paniers. Ce fut le commencement d'un long martyre qui se prolongea pendant dix-huit mois, et le prélude de la mort atroce qui les attendait.

L'émir fit montre de ses trophées, morts et vivants, dans la province d'Oran. Des proclamations fastueuses publièrent comme une victoire incomparable le guet-apens de Sidi-Brahim et les succès d'autres trahisons. Les képis des soldats tués, les sabres, les fusils, les gibernes, les tuniques, les guêtres et les moindres objets d'équipement, ramassés sur le champ de bataille, furent éparpillés et distribués partout. La dépouille de quelques compagnies, ainsi étalée artificieusement, représenta aux tribus éloignées du théâtre de l'événement la destruction d'un corps d'armée. Le désastre de Sidi-Brahim eut d'autant plus de retentissement, que, depuis le commencement de la guerre contre l'émir, c'était la première fois qu'une fraction de troupes françaises était anéantie, et qu'un succès éclatant exaltait l'audace des Arabes.

Le général Lamoricière, en l'absence du maréchal Bugeaud, exerçait par intérim le commandement général de l'Algérie. Il partit d'Alger à la première nouvelle de l'insurrection, débarqua à Oran avec les troupes disponibles, et, ralliant le général Cavaignac, il marcha sur l'émir qui n'avait pas encore quitté les environs de Nedroma. Cette ville, sommée par l'ennemi triomphant, n'oublia pas les bienfaits de l'autorité française, et nous resta obstinément fidèle, ainsi que les tribus situées au nord de Tlemcen et de Mascara. Les Kabyles du Trara avaient, au contraire, trempé leurs mains dans le massacre de Sidi-Brahim. Le général Lamoricière les battit deux fois; il se contenta de les vaincre : il ne voulut pas les exterminer, et, contenant par sa magnanimité l'exaspération des troupes, il empêcha la guerre de tomber dans l'abîme sans fond des représailles. Les Traras, acculés entre son camp et la mer, étaient à la merci des baïonnettes françaises. « Je pouvais, écrivait le général en rendant compte de cette journée, faire descendre dans les affreux ravins, où l'ennemi s'était jeté sans avoir le moyen d'en sortir, des bataillons d'infanterie qui eussent obtenu une complète vengeance de l'insurrection ; mais, dans la disposition d'esprit de nos soldats, la vengeance eût peut-être été trop sévère... J'ai accordé le pardon qui m'était demandé. »

L'émir, fuyant le général Lamoricière, se déroba avec sa cavalerie, passa par le sud de Tlemcen, intimidant ou entraînant les tribus d'alentour. Toute la plaine de Mascara s'insurgea à sa voix : les Hachems, ses plus anciens serviteurs, saluèrent avec enthousiasme ses drapeaux ressuscités. La révolte gagna les montagnes des Flittas dans le sud de Mostaganem, et mit en feu la subdivision d'Orléansville que son premier commandant, le général Cavaignac, avait réussi à pacifier. Les Arabes dépendant de Médéa et de Miliana restèrent en paix. Les tribus sahariennes, les plus mobiles de toutes et que l'influence française avait à peine effleurées, furent enlevées facilement par Abd-el-Kader.

Le maréchal Bugeaud revint en hâte en Afrique. Après avoir appelé momentanément le général Bedeau, gouverneur de Constantine, à la direction supérieure des subdivisions de Médéa et de Miliana, il entreprit d'étouffer l'insurrection dans l'Ouarensenis, son foyer le plus ardent. Il l'attaqua par l'est, tandis que le général Lamoricière agissait à l'ouest. Battu dans plusieurs rencontres par ces deux corps d'armée, repoussé du Tell, tenu à distance de Médéa et de Miliana, l'émir essaya de prendre pied dans le Jurjura, où, surpris et défait par le général Gentil, il n'attendit pas dans les montagnes le maréchal Bugeaud qui s'était retourné contre lui après avoir soumis l'Ouarensenis et avoir enlevé aux tribus les plus remuantes leurs chevaux et leurs armes de guerre. Atteint dans le sud par la cavalerie du général Yusuff, Abd-el-Kader se réfugia de nouveau au Maroc, au mois de mars 1846. Il avait, dans ce dernier effort, fait couler beaucoup de sang et consommé la ruine des tribus qui, suppliantes et détrompées, demandèrent grâce à l'autorité française.

Tandis que les fatigues de cette rude campagne d'hiver achevaient d'épuiser les forces de nombre d'officiers d'élite et de soldats chevronnés, une plaisanterie qui passait pour spirituelle avait cours en France : on disait que les généraux d'Afrique ménageaient l'auteur involontaire de leurs succès et de leur illustration, et luttaient entre eux à qui ne prendrait pas Abd-el-Kader. Les beaux esprits se rencontrent : les oisifs de Rome avaient dit la même chose de Métellus guerroyant contre Jugurtha !

L'agitation se calma peu à peu; le maréchal Bugeaud, qui ne cessa de réclamer et de poursuivre la soumission de la Kabylie, comme le complément et la garantie de la pacification de l'Algérie, reprit ses desseins interrompus, en 1844, par les troubles du Maroc. Deux corps d'armées commandés, l'un par le maréchal en personne, et l'autre par le général Bedeau, se réunirent sous les murs de Bougie. Le premier, parti d'Alger, avait passé au sud du Jurjura, par le territoire où le poste d'Aumale fut fondé, et avait suivi les bords de l'Oued Summan. Le second, parti de Sétif, s'était frayé passage par l'ancienne route des Turcs, à travers les montagnes. Plusieurs combats heureux amenèrent des soumissions nombreuses. Le grand massif de la Kabylie entre Collo et Dellys fut ainsi coupée en deux parts. La première assise de la domination française était posée dans cette contrée dont le maréchal Randon vient d'achever la soumission.

VI

Le maréchal Bugeaud, jugeant son œuvre terminée, déposa le gouvernement de l'Algérie, au mois de juillet 1847.

La France comptait plus de deux millions de nouveaux sujets pour lesquels il a fallu inventer des formes de gouvernement et d'administration adaptées à leur état social arriéré et cependant empreintes du génie légal et clément de la mère patrie. Problème difficile, et dont l'histoire des colonies ne présente aucune solution comparable à celle qui fut tentée par la monarchie libérale de 1830, sous l'impulsion et le contrôle salutaire de l'esprit public.

La France ne s'étant jamais proposé, en dépit des conseils qui n'ont pas cessé de plaire aux esprits brutaux et courts, soit de détruire, soit de refouler les Arabes, il fut nécessaire dès l'origine d'aviser à établir entre eux et l'autorité militaire un intermédiaire officiel et de chercher un mode de vivre autre que la guerre permanente. Une esquisse rapide de ces essais va précéder ici et fera mieux comprendre le mécanisme et l'esprit du gouvernement donné sous le maréchal Bugeaud à la société arabe soumise à la France.

Les vieux interprètes de l'expédition d'Égypte, qui s'étaient offerts à guider l'armée de débarquement, eurent bientôt démontré que leur bon vouloir n'avait d'égal que leur insuffisance. Des intrigants maures ou juifs nous apportèrent, dans l'embarras des premiers jours, un concours malencontreux ou perfide, ils furent tardivement remerciés. Bientôt le grand prévôt de l'armée fut nommé agha des Arabes. Ce n'était qu'une démonstration honnête, mais forcément impuissante, une sorte de déclaration publique que l'on sentait, comme on disait alors, qu'il y avait quelque chose à faire. L'étude pratique du monde africain, la recherche des moyens qui devaient amener la France à substituer une société civilisée à la barbarie sur cette terre inconnue, n'était pas simple affaire de police. Sans vouloir faire aucun tort à la gendarmerie, il est permis de croire que cette tâche dépassait ses lumières. Tel n'était pas l'avis de M. le général Boyer, qui fut nommé, en 1831, gouverneur de la province d'Oran. Persuadé qu'il possédait par intuition le véritable moyen de gouverner les Arabes, il enseignait son système dans un ordre du jour[1] qu'il faut citer pour mieux marquer le contraste de ces errements exceptionnels avec les mœurs militaires qui ont prévalu en Afrique.

Oran, 7 octobre 1831.

« Le lieutenant général gouverneur de la province prévient MM. les chefs de corps et de détachements de toutes armes, formant la division d'Oran, que les Arabes du dehors viennent de lui faire les plus grandes protestations de dévouement et de soumission. La connaissance qu'il a de ces peuples nomades, sa confiance qu'ils ne sont jamais plus à craindre que lorsqu'ils s'abaissent à la soumission, le déterminent à recommander de redoubler de surveillance aux portes et aux forts extérieurs. Il engage MM. les officiers à se mêler peu avec les chefs qui viennent en ville et à éviter avec eux toute communication et familiarité. *Nous sommes les maîtres du pays, nous devons avoir peu de communication avec les gens du dehors,* et l'on peut s'en rapporter au lieutenant général pour la manière de les mener et de les faire surveiller. »

Le général Boyer, à force de défiance et de mépris pour les indigènes, n'eut d'autre ressource que de les opprimer durement. Il ne sut les *mener* qu'à coups de bastonnade, de confiscations d'exécutions publiques et mêmes clandestines. Il imita les Turcs, il les fit regretter. Les mêmes sévices que les musulmans supportent patiemment, exercés par un pacha dont le despotisme émane de leur loi religieuse, les révoltent, à bon droit, commis par l'infidèle, qui ne peut effacer que par l'équité de ses actes le titre odieux de son pouvoir : N'est pas Turc qui veut. Le général Boyer fut remplacé (avril 1833) sans avoir formé de disciples parmi les hommes appelés à jouer un grand rôle en Afrique par leur intelligence autant que par leur énergie militaire.

La théorie de la violence préventive et outrée envers les indigènes fut battue en brèche par de jeunes et spirituels officiers, qui, loin d'éviter les Arabes, loin de les traiter comme des bêtes fauves, étudiaient leur langage, leurs idées, leurs préjugés, leurs mœurs, et se formaient, en ne les méprisant pas, à les vaincre quand il le faudrait et

---

[1] Voir la *Notice historique sur le Maghzen d'Oran*, p. 298.

à les commander dignement. Ils osaient soutenir que les Bédouins étaient des hommes, et que par conséquent ils n'étaient pas intraitables. Ce paradoxe audacieux pour le temps fit sourire de pitié plus d'un sapeur dans sa barbe.

Le premier essai d'étude raisonnée de la société arabe, la première application du bon sens à la conquête, se rattache, par une alliance toute naturelle, au nom de l'un des officiers qui devaient se faire le plus d'honneur sur les champs de bataille africains. M. de Lamoricière, alors capitaine au bataillon des zouaves, fut nommé directeur du premier bureau arabe, institué à Alger, en avril 1833, par le général Trézel, chef d'état-major du corps d'occupation, pendant le gouvernement intérimaire du général Avizard. Ce bureau, composé d'un chef, d'un ou de deux officiers placés sous ses ordres, et de trois interprètes, fut chargé de concentrer toutes les affaires arabes, de réunir les documents, de mettre chaque jour sous les yeux du général en chef la situation du pays, la traduction des lettres les plus importantes, et enfin de transmettre aux indigènes les ordres de l'autorité supérieure. Personne n'était plus en état que M. de Lamoricière de remplir cette mission sans précédent. « Il connaissait déjà assez bien l'arabe pour traiter directement avec les indigènes, et les fonctions auxquelles il était appelé devaient nécessairement lui faire faire de rapides progrès. Il était de plus homme de résolution, plein de ressources dans l'esprit, éclairé, travailleur, et animé de la généreuse ambition de se distinguer par quelque chose de grand et d'utile. En se rendant plusieurs fois seul au milieu des Arabes, il prouva le premier que l'on peut traiter avec eux autrement que la baïonnette au bout du fusil[1]. »

Lorsque ce premier bureau arabe fut institué, les indigènes des environs d'Alger, terrifiés par les rigueurs du précédent gouverneur, le duc de Rovigo, avaient déserté les marchés et n'osaient plus franchir les portes de la ville. M. de Lamoricière alla de sa personne rassurer les tribus de la plaine, il rétablit la confiance au dehors et l'abondance dans Alger. « Il se montra partout où il y avait quelque trouble à apaiser et quelque conquête morale à faire[2]. » Après qu'il eut quitté cet emploi pour se vouer à l'organisation définitive du corps des zouaves, les franches et intelligentes traditions qu'il avait inaugurées furent développées par l'un des compagnons de ses études aventureuses, M. Pellissier[3], capitaine d'état-major, qui, bravant les accusations d'utopisme et de philanthropie, a posé l'un des premiers cette maxime :

[1] *Annales algériennes*, t. I, p. 292.
[2] *Ibid.*, p. 297.
[3] Le public a toujours de la peine à se persuader qu'il peut arriver que deux personnes notables portent le même nom; il n'a jamais cessé de confondre M. Pellissier dont il s'agit ici, et le maréchal Pélissier, duc de Malakoff.

« Il s'agit pour la France de jeter en Afrique le germe d'un peuple nouveau. C'est une entreprise glorieuse et réellement productive[1]. » Grâce à ces guides, qui avaient bon pied et bon œil, M. le général Voirol, bien informé de toutes choses, n'employa la force qu'à propos, avec discrétion et succès. Lorsqu'il s'embarqua pour retourner en France, la population civile lui offrit une médaille d'or, et plusieurs chefs arabes des armes au nom de leurs administrés.

Le premier bureau arabe, après deux années d'existence et de services éminents, fut supprimé le 20 novembre 1833 par le général comte d'Erlon, qui crut élever un phare plus lumineux sur cette plage inexplorée en restaurant les fonctions d'agha des Arabes, et en les confiant au lieutenant-colonel commandant le corps des spahis réguliers, alors en voie d'organisation. Cette institution exclusivement militaire ne fit pas avancer d'un pas la solution de la question africaine. Faute de connaître les hommes et les choses, on ne sut mener à bien ni la paix ni la guerre; le général Desmichels se laissa abuser sur le caractère et les projets d'Abd-el-Kader. Il encouragea par un premier traité l'ambition de ce jeune marabout, faible encore et obscur. Le général Bugeaud, par le traité de la Tafna, lui donna la puissance. Dans l'intervalle de ces deux négociations que le gouvernement français ratifia aveuglément, le général Trézel, dépourvu d'un itinéraire exact, avait été battu, et sa colonne avait failli périr dans les marais de la Macta.

Le général de Damrémont se tint en garde contre ces méprises. L'un des premiers actes de son gouvernement trop court fut de reconstituer, le 25 avril 1837, la direction des affaires arabes sur le type agrandi de ce premier bureau dont MM. de Lamoricière et Pellissier avaient fait l'instrument nécessaire de toute conduite intelligente de la conquête. Le capitaine Pellissier (qui n'est pas le maréchal Pélissier) fut rappelé de droit à ce poste, et le conserva pendant deux ans, sous le gouvernement du maréchal Valée. Il le perdit volontairement en 1839. La cause de sa démission suffit pour caractériser l'esprit de généreuse habileté qui inspira son administration. Deux esclaves nègres s'étaient réfugiés sur notre territoire. Abd-el-Kader réclamait avec ardeur leur extradition. Le directeur des affaires arabes opposait à ses instances l'auguste privilège qu'a la terre de France d'émanciper, en l'adoptant, l'esclave qui s'est fié à son hospitalité. Il disait au gouverneur que le meilleur moyen de persuader aux Arabes et à tous ceux qui en doutaient encore que la domination française était à tout jamais implantée en Afrique, c'était d'y faire fleurir une de nos plus antiques et plus personnelles franchises nationales. Rien de plus conforme que cette vue aux sentiments et à la politique du maréchal

---

[1] *Lettre à M. Desjobert sur la question d'Alger.* 1838. Alger, *ibid.*, p. 2.

Valée. Mais, entraîné par des circonstances difficiles, ne voulant pas charger d'un nouveau grief les relations déjà très-tendues qu'Abd-el-Kader était au moment de rompre, il se déjugea lui-même et décida que les fugitifs seraient ramenés à la frontière par les gendarmes indigènes. Militaire, le chef de la division des affaires arabes dut transmettre l'ordre qu'il blâmait ; il restait libre de donner sa démission de son emploi administratif : il la donna le jour même, et fut conduit par suite à renoncer à la profession des armes pour entrer dans la carrière diplomatique [1].

M. Pellissier ne fut pas cependant tout à fait perdu pour la cause de la civilisation de l'Afrique, car il a écrit les *Annales algériennes*. Nous avons eu souvent l'occasion de citer ce loyal et fidèle récit des incidents militaires de la conquête. L'auteur n'a pas cru que la scène se rapetissait parce qu'il cessait d'y paraître ; il n'a pas dit que la guerre d'Afrique était une petite guerre, comme tant d'autres qui se sont abstenus d'y prendre part par dignité, jugeant au-dessous d'eux les coups qu'on y échangeait, ou qui, n'ayant pas dédaigné de s'en mêler, n'y ont pas fait grande figure. Les *Annales algériennes* ont un autre genre d'intérêt : elles proclament avec autorité l'esprit de clémence qui a fait l'honneur de la conquête. Le peu de fois que M. Pellissier rencontre ces actes exorbitants que le vulgaire est trop enclin à prendre (pourvu toutefois qu'ils se passent hors de ses foyers et ne puissent être invoqués comme un précédent contre lui) pour des témoignages de vigueur héroïque et de sagesse profonde, il les réprouve par un blâme énergique, et montre qu'ils ne sont jamais que l'expédient malencontreux de l'impéritie aux abois. Voici ce qu'il dit, par exemple, du massacre de la tribu des Ouffia, en 1831, l'excès le plus farouche, le seul de ce genre qui ait été commis avec préméditation en Afrique :

« Cette sanglante exécution parut à quelques personnes une mesure gouvernementale très-convenable. *C'était ainsi qu'on faisait du temps des Turcs*, disaient-elles ; argument sans réplique pour ces esprits prévenus. Il existe dans le monde une foule de gens qui n'aiment rien tant que les idées toutes faites. Celle que les Arabes ne peuvent être conduits que par la hache et que les Turcs n'employaient pas d'autre moyen est une de ces idées que l'on adopte sans examen. Elle est tellement enracinée dans quelques esprits, qu'encore à présent on trouve à Alger des gens qui vous disent que l'expédition contre les Ouffia, injuste dans sa cause, produisit cependant le meilleur effet et qu'elle nous assura plusieurs mois d'une tranquillité absolue, ce qui est formellement démenti par les faits ; car ce fut précisément à partir de cette époque que commencèrent les hostilités partielles des Arabes,

---

[1] M. Pellissier représente le gouvernement français dans la Commission internationale que le congrès de Paris a chargée de rectifier la frontière turco-russe.

qui devaient amener plus tard une insurrection générale. Le massacre d'El-Ouffia eut lieu au mois d'avril, et au mois de mai suivant une reconnaissance de trente hommes de la légion étrangère fut massacrée à une lieue de la Maison-Carrée. Toutes les nuits, des Arabes qui venaient tirer des coups de fusil dans les environs de nos camps et de nos blockhaus faisaient prendre les armes à nos troupes et les mettaient sur un qui-vive continuel [1]. »

La première direction des affaires arabes, dont l'esprit revit dans ces sages paroles, alla sans cesse en s'amoindrissant depuis la démission de M. Pellissier, et fut supprimée le 5 mars 1839. Les attributions qui lui avaient appartenu furent données à l'état-major général de l'armée.

Aussitôt que le général Bugeaud, commençant d'atteindre le but de la guerre, eut imposé à quelques tribus l'autorité de la France, il reconstitua à Alger (arrêté du 16 août 1841) une direction des affaires arabes, afin de consolider, par une administration bienfaisante, les soumissions obtenues, et d'en préparer de nouvelles. Le chef de cette direction, entièrement subordonné au gouverneur général, eut seul autorité sur les caïds, cheiks, hakems, cadis et muphtis, et sur toutes les autorités indigènes, tant sous le rapport de la police que de l'administration. Il fut chargé d'établir des relations avec les tribus ennemies, de recueillir les renseignements propres à éclairer les opérations politiques et militaires.

A mesure que les tribus algériennes, vaincues par les armes ou préférant notre domination au joug d'Abd-el-Kader, s'engagèrent à payer l'impôt et à obéir à l'autorité française, les commandants militaires, chargés de surveiller et de diriger les indigènes, durent être assistés de fonctionnaires spéciaux, pour suffire à cet immense accroissement d'attributions toutes nouvelles. Dès la fin de 1840, un officier chargé des affaires arabes fut attaché à chaque commandant français qui avait à régir des tribus soumises. Un arrêté du ministre de la guerre, en date du 1ᵉʳ février 1844, organisa d'une manière définitive ces fonctions spéciales. Une division des affaires arabes, et subsidiairement des bureaux arabes particuliers, furent créés dans chaque division et subdivision militaire de l'Algérie, auprès et sous l'autorité immédiate de l'officier général commandant le territoire. Des bureaux semblables purent être placés sur chacun des autres points occupés par l'armée sous des conditions identiques de subordination à l'endroit des officiers investis du commandement militaire, et ayant, en vertu de ce commandement, une autorité à exercer sur des indigènes. L'arrêté ministériel, qui généralise l'institution des bureaux arabes, insiste avec in-

---

[1] *Annales algériennes*, t. I, p. 248.

tention sur la position dépendante des officiers qui rempliront ces fonctions à l'égard de leurs chefs hiérarchiques. Ceux-ci ont seuls qualité pour donner et signer les ordres, et pour correspondre avec leur supérieur immédiat. Les officiers des bureaux arabes traduisent et rédigent en arabe les ordres et les travaux relatifs aux indigènes. Ils servent d'organe à l'autorité militaire dans ses rapports avec les nouveaux sujets de la France, ils sont en un mot, dans cette sphère, selon la définition du général Bedeau, ce qu'on appelle dans la hiérarchie militaire un chef d'état-major, et dans l'ordre civil un secrétaire général.

Au mois de novembre 1844, l'année de la bataille d'Isly, le maréchal Bugeaud fit rédiger à Alger, à la direction des affaires arabes, et signa de sa main : l'*Exposé de l'état actuel de la société arabe, du gouvernement et de la législation qui la régit*. Il ordonna que cette collection de ses arrêtés, de ses circulaires et des vues d'avenir que sa propre expérience ou le conseil de ses principaux lieutenants lui avaient suggérée, serait distribuée à tous les commandants supérieurs et officiers chargés des affaires arabes, pour leur servir de guide dans la pratique du gouvernement. C'est donc le tableau le plus fidèle de la politique de la France envers les indigènes. Nous avons pris plaisir à le remettre sous les yeux du lecteur. Jamais, que nous sachions, nation ayant empiété légitimement sur le domaine de la barbarie, et ayant reçu des mains du despotisme ses nouveaux sujets, tels qu'il sait les faire, façonnés à une crainte servile, n'a cherché plus résolûment à se les attacher par des liens dignes d'elle, par le respect et la reconnaissance.

Pour bien comprendre la forme et l'esprit du gouvernement que le maréchal Bugeaud eut l'honneur de fonder en Algérie, mais dont le mérite appartient, pour une grande part, à l'esprit public et aux institutions qui régnaient en France, il est nécessaire de connaître les institutions gouvernementales et administratives qu'Abd-el-Kader lui-même avait ébauchées sur l'immense territoire que le traité de la Tafna lui avait concédé. Ce n'est pas, comme on l'a dit souvent par erreur, que les essais politiques de l'émir aient servi de modèle au gouvernement français, et qu'il se soit contenté de les modifier; au contraire, le maréchal Bugeaud en a changé complètement l'esprit, au grand avantage des Arabes ; seulement il dut tenir compte de certains détails de l'organisation administrative qu'il trouva établie. Quant aux finances, le contraste, on le croira sans peine, est complet entre les deux régimes.

L'histoire n'a pas encore dit son dernier mot sur Abd-el-Kader. Tantôt on le place parmi les vrais grands hommes, parmi ceux qui, sans autre ressource que leur propre génie, se sont montrés supérieurs à la loi qu'ils avaient reçue et à la civilisation qui les a enfantés. Tantôt on le rabaisse au rang des aventuriers étourdissants, longtemps heureux, mais dépourvus du sens moral, partant médiocres et vulgaires.

Sa renommée flottera ainsi entre les extrêmes, tant que l'ombre qui enveloppe la deuxième phase de sa vie ne sera pas dissipée. C'est dans leur carrière de prétendant que le caractère des grands ambitieux se montre à nu. Pour juger leur moralité, il ne suffit pas de savoir ce qu'ils ont fait une fois sur le trône, il faut connaître la nature des moyens qu'ils ont choisis pour y monter. Depuis le jour de cette entrevue, où le général Bugeaud, importuné des airs de hauteur que se donnait ce jeune barbare, secoua son burnous et le força de se lever devant le représentant de la France, jusqu'au moment où le maréchal Valée le rencontra drapeaux déployés et le sabre en main dans la Métidja, deux années s'écoulèrent, les plus agitées, les plus laborieuses à ce que l'on commence à supposer, mais jusqu'à présent les moins connues de sa vie. On sait seulement que, tandis qu'il avait réussi à nous persuader qu'il jouissait d'une puissance souveraine, il se servait du titre de souveraineté que nous lui avions donné pour dominer des ennemis sans nombre. Lorsqu'on verra mieux quelle voie droite ou tortueuse il a suivie, il sera loisible de lui faire sa part dans l'estime publique; son habileté est dès aujourd'hui hors de conteste.

Abd-el-Kader, s'étant fait reconnaître par les Arabes comme un prophète chargé d'expulser les chrétiens, avait revendiqué toutes les prérogatives absolues que le Coran réserve aux défenseurs de la foi. Cependant, choisi par les chefs d'une aristocratie puissante, acclamé par le peuple, il fut toujours gêné dans ses appétits de pouvoir par le souvenir de cette élection trop récente. Pour effacer son vice originel, il essaya de s'inventer une légitimité; il se fit descendre des anciens souverains de Tekedempt, et n'épargna rien pour rebâtir cette ville antique dont il voulait faire à la fois une place forte et le berceau de ses aïeux. Au reste, en dehors des freins qu'il rencontrait dans les circonstances, Abd-el-Kader avait assez de sens pour comprendre que l'excès de l'oppression ruine les États et use promptement les despotes. Il eût voulu opprimer avec sagesse pour opprimer longtemps; son entourage, qu'il ne put dominer, n'avait ni sa patience ni sa prudence. Cette aristocratie brutale ne lui laissa jamais oublier le secours qu'elle avait prêté à son élévation première. Elle le força en 1839 à rompre la paix avant qu'il eût achevé tous ses préparatifs de guerre, résista à ses conseils de clémence, et aggrava le poids que sa propre tyrannie fit peser sur ses sujets.

Abd-el-Kader avait donné aux tribus arabes une organisation hiérarchique, judicieusement adaptée à sa politique belliqueuse; car elle favorisait la transmission des ordres et la rapidité des prises d'armes. Il avait partagé le territoire de son empire en un petit nombre de khalifats. Chaque khalifat comprenait plusieurs aghaliks, chaque aghalik plusieurs kaïdats; un kaïdat était formé d'une tribu ou de plusieurs tribus. Les khalifats, aghas et kaïds commandaient dans ces divisions du territoire, et leur autorité n'avait d'autre contre-poids que le contrôle du souverain.

L'institution du kadi avait été en principe respectée par l'émir. Il avait laissé à ce juge religieux l'autorité en ce qui concerne les actes purement civils et même la décision des questions de personnes et de propriété soit civiles, soit criminelles, qui n'engageaient que les intérêts particuliers. Toutefois, profitant de ce que le Coran, en instituant le tribunal du kadi, n'en a point défini clairement la compétence, Abd-el-Kader avait décidé que toutes les infractions qui, par leur gravité ou leur nature, lésaient les intérêts généraux, seraient soumises à ce qu'il appelait la *justice du gouvernement*, c'est-à-dire à ses agents politiques et à lui-même. Les relations avec les Français, l'espionnage, les intrigues politiques, les soupçons de révolte, les refus de payer l'impôt, les contestations pour prise de guerre, les plaintes d'individu à tribu et de tribu à tribu, les attaques de caravane, les vols et assassinats commis par bandes, rentraient de droit dans la juridiction du gouvernement. D'un autre côté, comme, à vrai dire, tout délit quelconque offense l'intérêt public, toute espèce d'affaires pouvait être évoquée par les agents politiques de l'émir. Les décisions du kadi étaient cassées ou complétées par eux. En un mot Abd-el-Kader était le grand justicier de son empire, quoiqu'il aimât, par déférence pour l'opinion, à fonder ses décisions sur les *canons* (lois pénales des Turcs), sur la coutume, et, si la coutume n'était pas assez complaisante, sur une rubrique vague qui s'appelle chez les Musulmans la *marche connue de la justice*. Cette marche qu'il commandait prêtait à ses volontés nues le voile partout décent de la légalité.

Les finances sont l'écueil des gouvernements absolus. Ce fut la partie la plus faible du gouvernement d'Abd-el-Kader. Les exactions de ses agents et les énormes besoins d'argent auxquels il dut satisfaire pour entretenir sa force armée permanente et pour fonder ses établissements industriels et militaires lassèrent les Arabes et leur firent désirer une domination moins avide. Indépendamment de l'impôt normal, établi dans tous les États musulmans, d'après le texte même du Coran, sur les récoltes et sur les troupeaux et marchandises, l'émir levait fréquemment, de sa pleine autorité, des impôts extraordinaires d'une quotité variable; il frappait de lourdes amendes sur les tribus qu'il voulait punir. Il ne laissa tomber aucune des habitudes fiscales de ses prédécesseurs.

Les Arabes, s'apercevant qu'après chaque révolution le pouvoir nouveau recherche les richesses dérobées pendant l'interrègne au gouvernement déchu, et réussit de son mieux à les reprendre dans les mains des voleurs, ont inventé ce proverbe mélancolique, qu'Abd-el-

Kader ne fit pas mentir : « Le plomb du beylick ne va pas au fond de l'eau. » Le zèle que ses agents mettaient à reconstituer le domaine de l'État, tout importun qu'il pouvait être à plusieurs, n'avait rien que de juste et de moral. Il n'en était pas de même de la manière dont il avait organisé l'impôt sur le capital, et des instructions qu'il donnait à cet effet à ses percepteurs dans les termes suivants :

« Lorsque l'agha apprend par un kaïd ou par quelque dénonciateur obligeant qu'un tel a un capital monnayé, il le fait comparaître devant le kadi et lui ordonne de payer le zekkat de son argent. L'Arabe, craignant d'être obligé de prêter un serment solennel, acte toujours redoutable pour un musulman, consent à payer la dîme et se venge en dénonçant tous ceux qu'il suppose possesseurs de quelque richesse monnayée. C'est ainsi que le gouvernement peut parvenir à percevoir une faible partie de l'impôt sur l'argent. »

Un autre abus viciait l'essence même du gouvernement d'Abd-el-Kader et fit avorter tous ses plans de réforme. Toujours à court d'argent, il mettait les fonctions publiques à l'enchère. A part les khalifats, qui étaient nommés à vie, ses agents n'exerçaient leur pouvoir que temporairement. Les aghas étaient prorogés ou changés tous les ans, les kaïds tous les six mois. Les burnous d'investiture étaient donnés au plus offrant, et aussitôt l'agha ou le kaïd, se ruant sur ses administrés, leur arrachait avec usure la somme qu'il avait avancée à l'émir. Ce genre d'exaction s'appelait la *bénédiction du burnous* : bénédiction pour le maître, malédiction pour la foule. Les fonctionnaires d'Abd-el-Kader achevaient de s'enrichir aux dépens du peuple en frappant à leur fantaisie des amendes illimitées dont ils ne rendaient pas compte.

On entrevoit bien dans les actes de l'émir la velléité de faire briller quelques lueurs de régularité et même de comptabilité dans les ténèbres financières; on le voit essayer de réglementer la part que chaque agent politique prélèvera sur les impôts. Il les engagea souvent à se contenter d'un traitement fixe. Le peuple n'y gagna rien : l'agha ou le kaïd prit le traitement en plus et ne cessa pas ses exactions [1].

L'exposé que nous venons de faire des institutions d'Abd-el-Kader a par avance persuadé le lecteur que les Arabes, en passant sous le gouvernement de la France, n'ont pas perdu au change.

L'organisation administrative donnée aux tribus arabes par notre ennemi avait été faite contre nous : donc elle ne pouvait nous convenir. L'immense circonscription des khalifats, concession que l'émir avait été obligé de faire à des chefs influents, l'avait inquiété lui-même; il

---

[1] *Exposé de la Société arabe*, p. 150. Nous avons emprunté à ce précieux document tout ce qu'on vient de lire sur le gouvernement d'Abd-el-Kader.

ne maintenait dans le respect ses grands vassaux trop puissants que par la renommée bien acquise de sa sévérité implacable. L'autorité française n'avait pas les mêmes ressources extrêmes; les khalifats d'Abd-el-Kader avaient péri ou fui; leur pouvoir ne fut pas rétabli. Ils furent remplacés à Médéa, à Miliana, à Mascara, à Tlemcen par des généraux français.

Cependant on avait à pourvoir de notables indigènes qui avaient rendu de vrais services à la guerre, et à ménager des personnages d'un dévouement plus récent, mais influents par leur naissance, leur courage, leur talent militaire ou administratif, et habitués à de grandes existences. « Il valait mieux les avoir dans le camp qu'en dehors. » Si on les eût privés des emplois, ou si l'on eût trop amoindri leur position apparente et trop gêné leurs habitudes de pompe et de faste, ils se fussent targués de la défiance qu'on leur eût montrée pour s'en faire un titre aux yeux des fanatiques de religion et de nationalité.

Les grands titres furent donc conservés, mais les circonscriptions divisées, afin de récompenser les bons serviteurs et de compromettre à notre service les importants sans leur laisser la puissance de nuire. Ainsi fractionnée, la classification hiérarchique des tribus offrait certains avantages; car, pour former ses *Aghaliks*, l'émir avait tenu compte des circonstances locales et historiques, des frontières naturelles telles que les cours d'eau, et des alliances préexistantes entre les tribus. La hiérarchie des chefs indigènes fut maintenue; il y eut, au sommet de cet édifice provisoire, des khalifats, des bachs aghas (chefs d'aghas) et des aghas indépendants : au-dessous d'eux, des aghas de première, seconde et troisième classe, selon l'étendue de l'aghalik composé d'une ou de plusieurs tribus; et enfin, au troisième rang, des kaïds ou des scheïks investis. Il fut admis tacitement en principe que les grands commandements indigènes n'auraient qu'une durée tout au plus viagère, et qu'à mesure que ces emplois exceptionnels deviendraient vacants par la mort des titulaires on viserait, autant que l'état du pays le permettrait, à placer chaque tribu et son kaïd sous les ordres directs du commandant français, et qu'ainsi on se rapprocherait de plus en plus de l'organisation donnée par le maréchal Valée au cercle de Bone; organisation préférée des indigènes eux-mêmes, lorsqu'elle est inspirée d'un bon esprit. Plusieurs tribus kabyles, qui firent en 1847 leur soumission entre les mains du duc d'Isly et du général Bedeau, stipulèrent formellement que leurs propres chefs traiteraient leurs affaires avec l'autorité française, sans l'intervention d'aucun agha ou khalifat.

La division du pouvoir est chose inconnue aux Arabes; le Koran, qui est leur règle religieuse, civile et politique, ne suppose même pas la possibilité de cette première base des gouvernements tempérés. Les employés français auront à redoubler d'aménités et de bonnes grâces, s'ils veulent réhabiliter dans l'esprit des musulmans l'idée du pouvoir, et leur persuader que la multiplication des fonctionnaires est un bienfait et une garantie pour les administrés. Parmi les diverses conditions qui rendent l'autorité publique modérée et équitable : la division et la limitation des pouvoirs, la publicité des actes, le contrôle des administrés, la seconde et la troisième sont seules applicables à la société arabe, telle que nous l'avons reçue des mains du passé.

Les chefs indigènes, représentants du pouvoir exécutif, ont conservé le droit de punir et de participer à la perception des impôts; mais, progrès nouveau et immense, leur compétence et leur puissance judiciaire ont été définies et limitées. Ils sont astreints à tenir registre de tous leurs actes, amendes frappées, jugements rendus, afin d'en rendre compte à l'autorité militaire. Il ne suffit plus au kaïd ou à l'agha d'une fantaisie, d'un geste et d'une menace pour faire boursiller l'Arabe. Les amendes ne sont exigibles qu'en vertu d'une lettre revêtue du cachet du fonctionnaire indigène qui l'a prononcée; lettre indiquant la cause et la quotité de l'amende, ainsi que le nom du délinquant; lettre inscrite à sa date sur un registre spécial par le fonctionnaire indigène transformé à sa grande surprise en agent comptable.

On a dit que l'amour de l'argent était le véritable fanatisme des Arabes. Au train dont vont les nations, il serait difficile d'adjuger entre elles la palme de l'avidité. Personne n'aime à être pressuré : toutes les races se ressemblent en cela. C'est surtout au point de vue financier que les Arabes devaient gagner à passer sous la domination de la France. En effet, il fut admis dès l'origine que l'impôt exigé des indigènes ne serait pas considéré comme une source de gain, mais uniquement comme un gage de la soumission politique.

Donc pas de nouvelles taxes, qui répugneraient aux mœurs arabes, en introduisant les agents du fisc dans l'intérieur de la famille.

Plus d'impôt sur le capital. Ces inquisitions sur la fortune étouffent l'industrie et perpétuent chez les musulmans l'habitude des thésaurisations stériles.

Plus de *bénédiction de burnous*. La plupart des fonctionnaires indigènes sont révocables tous les ans, afin d'entretenir chez eux l'émulation vers le bien. Mais le gouvernement qui les investit leur fournit gratuitement le signe et l'instrument de leur autorité : le burnous et le cachet. Il est recommandé aux commandants de province ou de subdivision, qui nomment ou proposent au choix du gouverneur les fonctionnaires indigènes, d'avoir le plus grand égard à l'*opinion publique* des tribus.

Plus d'amendes collectives imposées aux tribus par les autorités indigènes; les amendes frappées sur les individus sont une peine méritée, et non plus une extorsion arbitraire. Les agents français surveillent l'usage que les agents indigènes font de leur pouvoir de distribuer cette punition, et, quant à eux, ils ne prennent aucune part à la répartition des amendes qu'ils ont le droit d'imposer.

Plus de contribution extraordinaire.

Un seul impôt fut perçu au nom de la France, l'impôt accoutumé sur les terres ensemencées et sur les troupeaux.

Il dut être perçu régulièrement. Le gouvernement fixe, d'après les états statistiques recueillis par les soins des officiers des bureaux arabes et communiqués aux commissions administratives, qui fonctionnent dans toutes les subdivisions et dans toutes les villes, le nombre de moutons et de bœufs, le nombre de mesures d'orge et de blé que les tribus doivent fournir. Les commandants militaires envoient l'ordre de payement aux chefs indigènes supérieurs, qui le transmettent à leurs subordonnés. Ceux-ci répartissent à l'amiable l'impôt entre toutes les tentes. A quelque temps de là, le khalifat, bach-agha ou agha indépendant, envoie dans les tribus les collecteurs, qui donnent des reconnaissances en échange des impôts qu'ils ont reçus. Chacun sait ce qu'il doit payer ; personne ne peut être forcé de payer plus qu'il doit. Tandis que, sous l'émir, les agents politiques percevaient eux-mêmes l'impôt, qu'ils ne manquaient pas de grossir par des exactions, ils ne font, sous le régime français, que surveiller une perception dont ils ne dictent plus la quotité. Dans ces conditions, il n'y a pas d'inconvénient à leur permettre d'ajouter au traitement fixe qu'ils reçoivent de la France une part déterminée de la somme dont ils ont assuré l'encaissement. Les agents indigènes versent l'impôt dans les mains de l'officier du bureau arabe, qui, après l'avoir porté sur son livre de recette et s'être assuré que les contribuables ont été nantis par les percepteurs indigènes des quittances auxquelles ils ont droit, remet la somme dont il est dépositaire aux commissions administratives, et celles-ci aux agents du trésor.

L'impôt doit être perçu non-seulement avec régularité, mais avec modération; il sera tenu compte des pertes que la guerre a fait subir aux tribus, et des causes accidentelles de gêne et de misère, les mauvaises récoltes, les épizooties.

Ce n'est pas assez. Le gouvernement français, par un sentiment délicat et une vue profonde, comprit la répugnance que les musulmans doivent éprouver à verser entre les mains des infidèles, qui en font un emploi directement contraire au bien de l'islamisme, une redevance dont le principe et le nom sont inscrits dans le Coran, et dont la destination fut dans l'origine toute pieuse. Il comprit que la fraude doit paraître légitime aux musulmans qui ont de la ferveur. Aussi se proposait-il de changer l'assiette et la dénomination religieuse de l'impôt exigé des Arabes, voulant ainsi leur enlever un grief et les assimiler davantage à notre régime économique, cherchant à rendre la conquête moins amère au vaincu, plus profitable au vainqueur.

Telles sont, sous le régime institué en Algérie par la France, le soir même de la victoire, les formes et les limites de l'autorité des chefs indigènes. Le pouvoir militaire surveille et complète cette autorité sans être lui-même absolu et irresponsable.

Personne en Algérie, hors le cas de guerre, personne n'a le droit de vie et de mort. Le général Négrier, trompé par des conseils perfides, s'était cru permis, en 1841, de faire tomber sans jugement sept têtes arabes. Depuis lors, la compétence exclusive des conseils de guerre, en fait d'accusation capitale, a été consacrée par les ordres les plus formels du gouvernement français. Aucune exécution à mort ne doit avoir lieu que sur l'ordre exprès du gouverneur général, qui lui-même, avant de l'ordonner, doit en référer au roi, à moins d'une extrême urgence politique.

Cependant, dans un pays travaillé par des ennemis fanatiques, par des conspirateurs, par des espions, alors qu'Abd-el-Kader n'est pas encore soumis, le général en chef a besoin d'une plus grande part de pouvoir discrétionnaire que dans une ville de France déclarée en état de siége. Il aura donc la faculté de faire détenir pour un temps aux îles Sainte-Marguerite ou au fort Brescoux les indigènes dangereux pour la sécurité politique, quoique ne donnant pas prise à une poursuite judiciaire.

Un autre droit exorbitant fut dévolu en Algérie au pouvoir militaire. Les tribus sont déclarées responsables des crimes et délits commis sur leur territoire, et passibles d'amendes pour ces faits, si elles n'ont pas remis les coupables entre les mains de l'autorité française; mais il leur est accordé un délai de deux mois pour faire cette recherche.

« Cette responsabilité collective est une législation terrible, dit le maréchal Bugeaud, de l'accent d'un chef qui n'entend pas qu'on en abuse; il a fallu la maintenir comme le seul moyen d'avoir une bonne police dans un pays qui n'a pas toutes les combinaisons multipliées de notre administration civile et judiciaire; mais les commandants militaires ne doivent en user qu'avec une extrême modération et lorsque les nécessités politiques ou de sûreté publique sont parfaitement démontrées.

« Il ne faut appliquer à tous la punition méritée par un seul qu'à la dernière extrémité. Il est bien plus utile et bien plus exemplaire de châtier les véritables coupables que de faire rentrer dans les caisses de l'État quelques milliers de boudjous payés par des innocents. »

Nous avons fait connaître les attributions exceptionnelles du pouvoir militaire dans ses rapports avec les indigènes, et nous n'avons pas nommé une seule fois les officiers du bureau arabe. C'est qu'en effet, dans les instructions que nous analysons et qui définissent si clairement les devoirs de chacun, la position subordonnée de l'officier du bureau arabe envers le commandant militaire dont il doit éclairer l'intelligence et assister le zèle, mais non pas dominer l'incapacité ou couvrir l'insouciance, est rappelée à chaque ligne.

L'officier du bureau arabe a cependant des fonctions variées et importantes. Nous ne les énumérerons pas toutes, nous indiquerons les principales.

Il participe à l'administration des finances; indépendamment de la part qu'il prend, comme nous l'avons dit, à la détermination et à l'encaissement de l'impôt, il aide les commissions administratives à rechercher les biens de l'ancien gouvernement : il en surveille l'économie.

Il a sa part du pouvoir judiciaire; il décide dans certaines contestations entre indigènes et Français, et entre indigènes seulement, mais toujours sous le contrôle de son chef militaire. C'est pourquoi, s'il prend une décision de quelque importance, il doit l'inscrire sur un registre spécial.

Son emploi est militaire ; il tient le contrôle des troupes indigènes irrégulières, il les commande à la guerre et les inspecte en temps de paix. Si l'officier du bureau arabe porte l'épée, il tient aussi la plume. Qu'il n'en rougisse pas, car il sait s'en servir[1]. Il est par-dessus tout un homme d'étude, un instrument de pacification, le patron et le conseiller tout autant que le surveillant des chefs indigènes ; il est le premier soldat de la conquête morale, et, bien mieux, un missionnaire de progrès. Laissons parler de nouveau le maréchal Bugeaud :

« L'officier chargé des affaires arabes doit comprendre et parler l'idiome indigène. Son premier soin sera de s'appliquer à l'étude approfondie du pays, de ses coutumes et de ses lois anciennes; de recueillir en un mot tous les renseignements propres à éclairer l'autorité sur la portée des mesures qu'elle peut avoir à prescrire.

« La surveillance active et intelligente des chefs indigènes est une tâche délicate qui lui est réservée. Pour l'accomplir, il se portera souvent au milieu des populations, il visitera les tribus, les marchés, et écoutera sur les lieux mêmes toutes les réclamations. Il faut que, placée bien au-dessus de tout soupçon de partialité ou de violence, l'autorité française apparaisse aux indigènes comme la protectrice des opprimés. Il faut que, jusque dans les *douars* les plus éloignés, son bras vienne suspendre les mauvais traitements et arrêter les exactions. C'est ainsi que les peuples, comparant avec raison la justice que leur rendent les musulmans à la nôtre, seront amenés à reconnaître la supériorité du régime sous lequel ils vivent. »

---

[1] Voir les écrits du général Daumas, du colonel de Neveu, du capitaine Richard, etc.

La statistique occupe une grande part dans les attributions des officiers des bureaux arabes. Il leur est recommandé de consigner toutes les remarques qu'ils auront pu faire relativement aux coutumes religieuses, aux mœurs, aux lois locales ou générales, à la richesse du sol, à la culture, aux délimitations de tribus et fractions de tribus, aux relations des tribus entre elles, aux marchés publics, aux droits qui y sont perçus, aux poids et mesures qui y sont en usage. Ils sont chargés particulièrement d'écrire l'histoire de la tribu, ainsi que de ses familles notables et de ses hommes politiques, de manière que chaque subdivision soit par eux dotée d'archives qui perpétueront la tradition de l'administration et de la politique française à l'égard des indigènes.

Le maréchal Bugeaud adressa de fréquents et pressants appels au zèle des hommes studieux. On sent qu'il connaît l'histoire des Indes. Il sait que l'on ne gouverne pas d'une main sûre ces populations que l'on appelle primitives par habitude, et qui sont au contraire le produit factice de civilisations fausses et bizarres, si l'on n'a pas scruté à fond leur génie. La prudence commune, dépourvue d'études très-spéciales, ne suffit pas à les régir. Combien de mesures insignifiantes aux yeux d'un brave militaire qui les ordonnait à la légère ont créé des griefs inexpiables et soulevé des tempêtes tout à la fois ridicules et terribles! L'histoire coloniale des peuples européens retentit des sanglants effets de ces méprises. Pour les éviter, le maréchal Bugeaud appelle toutes les intelligences, sans distinction d'habit, à sonder la vie intime de la société musulmane.

Un spectacle qu'il n'a pas prévu, et que la France ne doit pas donner, ce serait de voir des conquérants, en pleine et sereine possession du territoire et de la population qu'ils ont entrepris de gagner à la civilisation, renoncer dans la paix à la modération qu'ils avaient pratiquée dans la période militaire de leur établissement.

La justice historique nous commandait d'insister sur l'esprit qui a présidé au gouvernement donné primitivement par la France au peuple indigène de l'Algérie. L'idée que l'opinion publique s'est faite des bureaux arabes est, nous le savons, en plein désaccord avec ce que nous venons d'en dire. Nous n'avons pas à comparer les époques, mais à retracer rapidement les maximes et les exemples du temps passé.

VII

Après quatre mois d'intérim exercé par le général Bedeau, le duc d'Aumale succéda au duc d'Isly comme gouverneur général de l'Algérie.

« On lui avait donné de dignes lieutenants, observe M. Nettement, il ramenait de France le général Changarnier, appelé à prendre le commandement de la province d'Alger. Le général Bedeau commandait déjà la province de Constantine, le général Lamoricière la province d'Oran. Ces trois chefs militaires étaient l'expression la plus pure de la gloire de l'armée d'Afrique, ils étaient la haute personnification des traditions de cette école de désintéressement, de probité militaire, d'honneur et de modération intelligente qui remontait au maréchal Valée, et que, malgré les écarts de quelques individus, avaient conservée dans la plus grande partie de l'armée de nombreux adhérents. »

La tranquillité régnait en Algérie, mais la sécurité n'existait pas tant qu'Abd-el-Kader s'agitait insoumis à notre frontière.

L'insuccès du nouvel effort qu'il avait tenté contre les chrétiens n'avait pas diminué son prestige sur les populations marocaines. Quelques centaines de fantassins et de cavaliers composaient toute son armée. Le vaste mouvement d'émigration qu'il avait voulu imprimer de gré ou de force aux tribus algériennes n'avait entraîné à sa suite que quelques fractions des Hachems et des Béni-Amer. Mais, tout dénué qu'il paraissait, il possédait la vraie puissance; il dominait par l'enthousiasme et la vénération les ennemis fanatiques des infidèles, tandis que le chérif avait scellé par une démarche éclatante le traité de paix qu'il avait été contraint de signer avec le roi des Français. L'empereur de Maroc, lorsqu'il avait vu Abd-el-Kader mal engagé en Algérie, s'était cru à tout jamais débarrassé de ses intrigues et de ses reproches. Il avait envoyé en ambassade à la cour de Paris le gouverneur de Tétuan, le plus gracieux de ses sujets, un diplomate de la meilleure école. Comme on essayait de le retenir à Marseille pour lui montrer la ville, il refusa de prolonger son séjour d'un seul instant, tant il était impatient d'être présenté au roi de France : « Mon am-
« bassade, disait-il, est comme une fleur que l'empereur mon maître
« envoie à votre roi. Il faut que la fleur arrive avec toute sa fraîcheur,
« dans tout son éclat, avec tout son parfum, et qu'elle soit promptement
« déposée aux pieds de votre souverain. Si je m'attardais en route, si
« je donnais l'essor à mon désir de voir et de connaître, la pauvre
« fleur risquerait fort d'être fanée et flétrie avant mon arrivée. » On se tromperait fort, si l'on jugeait de la politesse et de l'élégance de mœurs du Maroc par le langage de ce diplomate fleuri. On voit à Fez, dans le palais de l'empereur, une fosse aux lions où l'on jette les juifs tout vivants.

La guerre ne tarda pas à éclater entre Abd-el-Kader et Abder-Raman. Au mois de juin 1847, lorsque l'expédition chargée de prélever l'impôt sur les tribus du Riff se mit en campagne, Ab-der-Raman donna ordre à son kaïd El-Amar d'attaquer par surprise, et d'enlever le camp d'Abd-el-Kader. Le kaïd fut malheureux. Abd-el-Kader le battit deux fois et lui fit trancher la tête. Un autre partisan d'Abder-Raman, l'ancien gouverneur de Méquinez, voulut venger son collègue, et somma l'émir de quitter les États du sultan. Abd-el-Kader feignit d'obéir et replia ses tentes; puis, revenant à la charge pendant la nuit, il mit en déroute son ennemi abusé et s'empara de son camp. Une partie des Marocains irréguliers était passée de son côté pendant le combat, le reste prit la fuite. Le chef fut tué.

Le succès recruta l'armée d'Abd-el-Kader. Les tribus le prenaient pour juges de leurs différends. Il rendait la justice et levait des impôts. Il affichait hautement l'intention de renverser le chérif auquel il adressait les défis les plus insultants. Tout marchait au gré de son ambition, lorsqu'une querelle s'engagea entre les fractions des Arabes algériens qui avaient émigré à sa suite et les tribus marocaines qui se lassèrent de fournir des vivres et des fourrages à ces mendiants. Les Hachems et les Beni-Amer furent massacrés pendant la nuit. Un petit nombre d'entre eux réussit à repasser la frontière, d'autres se réfugièrent à Tanger, et n'y eussent pas trouvé grâce, sans le consul français, qui les prit sous sa sauvegarde et les rapatria à Oran. Ils fuyaient la domination de la France; ils ne purent se soustraire à sa générosité. A la nouvelle du désastre qui avait accablé les derniers compagnons et les premiers auteurs de sa fortune, Abd-el-Kader fit abattre ses tentes et campa à ciel découvert pendant cinq jours et cinq nuits en signe de deuil et de vengeance. Mesure inutile : la défaite de ses plus fidèles serviteurs avait tourné contre lui ses violents et mobiles alliés de la veille. Abder-Raman comprit que le moment était venu de lui porter le dernier coup. Ses deux fils et le gouverneur du Riff se mirent en campagne avec ses troupes régulières et un parc d'artillerie. Trois camps cernaient l'émir, à six lieues du preside espagnol de Mélila, non loin de la frontière de l'Algérie. Abd-el-Kader essaya de fléchir l'empereur. Il lui envoya deux chevaux de soumission. Son khalifat Bou-Hamédi fit acte de la plus humble vassalité devant les deux fils du chérif, en immolant à leurs pieds trois bœufs de sa propre main. Il était trop tard. Abder-Raman, certain du succès, répondit par une injure. Il demanda que la mère d'Abd-el-Kader lui fût livrée comme otage. L'émir n'avait plus à compter que sur son désespoir. Il réussit à faire une trouée dans les masses qui l'étreignaient ; mais bientôt, accablé par le nombre des Marocains, il fut acculé aux bords de la Moulaia. Ce qui lui restait de vieux soldats se sacrifia pendant un combat de plusieurs heures pour faire passer sur le territoire français ses blessés, ses malades, ses femmes, ses enfants.

Un souvenir alors présent à tous les esprits rendait plus éclatant encore cet hommage rendu par l'ennemi personnel de la France à la générosité française, pour parler comme M. Nettement, et à la supériorité de la civilisation chrétienne. Le 24 avril 1846, 255 prisonniers français avaient été traîtreusement égorgés pendant la nuit dans le camp de l'un de ses khalifats sur le territoire du Maroc. Abd-el-Kader n'avait pas présidé à ce massacre. Il faisait alors la guerre dans la province d'Alger; loin de prétexter de son absence et du respect qu'il avait le plus souvent montré pour le droit des gens, loin de rejeter, comme il l'a fait plus tard, la responsabilité de ce crime sur ses lieutenants, il avait écrit au roi des Français pour se vanter de l'avoir ordonné. Abd-el-Kader avait assez longtemps combattu la France pour apprendre à la connaître et à la distinguer de ses coreligionnaires. Il négligea de faire précéder sa famille d'aucun cavalier, d'aucune prière, d'aucune demande, certain que sa faiblesse et ses malheurs leur seraient une sauvegarde inviolable, tandis que lui il se promettait encore de fuir dans le désert avec une poignée d'hommes valides. Il ne savait pas que les passages étaient gardés par des spahis et des Arabes soumis à la France.

Le général Lamoricière veillait sur la frontière. Il accueillit comme il convenait à lui-même et à son drapeau l'aveu que faisait Adb-el-Kader de son estime pour nous. Les Kabyles, ardents au pillage, avaient désarmé les vaincus et s'apprêtaient à les dépouiller. Le général Lamoricière leur tendit la main comme à de vieilles connaissances. Il leur fit rendre leurs armes, et leur offrit de les enrôler au service de France. Il plaça leur camp sous la protection du colonel Mac-Mahon, confia les blessés aux soins des chirurgiens militaires, et fit resserrer, par la cavalerie aux ordres du colonel Montauban, le réseau de postes qu'il avait habilement tendu, et dans lequel Abdel-Kader tomba pendant la nuit. Voyant la fuite impossible, il offrit de se rendre. Le général Lamoricière lui fit remettre chevaleresquement son propre sabre comme gage de sa parole. Le lendemain les troupes françaises, rangées devant le marabout de Sidi-Brahim, en face des tombeaux qui renferment les restes des soldats morts sur ce glorieux champ de bataille, voyaient l'émir, courbé sous la fatigue de ses derniers combats et sous le poids de ses revers irréparables, relever la tête avec un dernier sentiment d'orgueil au bruit des tambours et des clairons qui lui rendaient les honneurs militaires. Un seul de ces chevaux merveilleux, auxquels il avait dû souvent son salut, lui restait. Il le monta pieds nus et vint l'offrir au duc d'Aumale qui l'accepta gracieusement comme un gage, disait-il, de la soumission de l'émir à la France et de la paix de l'Algérie.

Abd-el-Kader avait abdiqué. Le 21 décembre 1847, une ère nouvelle commença pour l'Algérie. Depuis ce jour mémorable, des expéditions brillantes ont affermi ou étendu notre domination en Algérie.

Mais la nationalité arabe, que l'émir s'efforça d'inventer, avait perdu son drapeau, le fanatisme musulman son prophète inspiré, son missionnaire armé et son homme d'État. Abd-el-Kader, s'il eût réussi à nous supplanter en Afrique, menaçait la chrétienté tout entière d'un rajeunissement guerrier du mahométisme. Il est utile à la cause de la civilisation qu'il (ait succombé; il est glorieux pour la France de l'avoir vaincu sans l'imiter.

Nous n'avons point prétendu raconter, ni même esquisser, à l'occasion du beau livre de M. Nettement, l'histoire proprement dite de la conquête de l'Algérie; il ne pouvait entrer dans notre dessein de citer toutes les actions illustres et tous les acteurs mémorables de cette longue entreprise. Nous nous sommes borné aux principaux épisodes et aux noms les plus éclatants. Encore sommes-nous loin d'avoir rappelé tous les titres des plus énergiques artisans de nos succès. Depuis la rupture du traité de la Tafna, nous n'avons suivi que le développement de la lutte engagée contre la France par Abd-el-Kader, violateur de la paix. Les combats livrés dans la province de Constantine, en dehors de l'influence de l'émir, étaient donc exclus de notre plan. Nous nous sommes attaché par-dessus tout à saisir et à montrer dans la conduite, et au besoin dans les écrits des plus éminents généraux d'Afrique, l'esprit élevé et le noble but de la guerre qu'ils ont faite.

Lorsqu'il s'agit de juger ce que vaut une conquête, ce n'est pas assez de mesurer l'accroissement de territoire, de puissance, de renommée que l'établissement de la domination nouvelle a procuré à la nation victorieuse, à ses armées, à ses généraux. Ce qui importe avant tout, c'est de peser le motif de l'entreprise; il faut savoir ce que le nouveau maître a fait gagner au vaincu en moralité et en bien-être. Il faut apprécier les procédés mis en œuvre et la vertu des caractères que les incidents de la guerre ont fait monter sur la scène. A ce triple point de vue la France peut se glorifier à bon droit de sa conquête de l'Afrique.

A Dieu ne plaise que nous tirions la moindre satisfaction d'orgueil national du contraste que présentent l'affreux spectacle de la révolte des Indes, et la paix bienfaisante qui a, jusque dans ces derniers temps, régné en Algérie; paix si bien assise que l'oubli des traditions inaugurées par les conquérants pourrait seul la troubler. Alors même que les traités officiels qui unissent la France et l'Angleterre, et bien plus l'affaiblissement réel des vieilles antipathies, ne nous inclineraient pas à compatir aux malheurs des soldats anglais, les atrocités commises envers les femmes et les enfants nous sembleraient en toute circonstance un deuil et une honte pour l'humanité tout entière. Cependant les événements les plus lamentables sont aussi ceux qui, par compensation, contiennent les leçons les plus éloquentes. A voir s'écrouler une domination qui nous fut si souvent objectée comme un modèle au-dessus de notre génie, que l'on disait anticolonisateur, comment oublier par quels moyens ce gigantesque et fragile édifice avait été fondé? Comment oublier lord Clive, Waren-Hastings?... Puisque l'Algérie nous offre d'autres exemples, d'autres maximes de gouvernement, d'autres caractères, militaires et politiques; puisqu'une conduite loyale, modérée, probe, qui aurait suffi à l'honneur de nos armes, nous a, par surcroît, donné le succès et la puissance, n'evilons pas de l'histoire ces vivants témoignages; qu'ils nous fournissent, non pas des textes de reproche, mais des leçons profitables à tous.

La domination anglaise ne s'était appuyée que sur la force, sur la force indigène. Le vainqueur ne s'était pas soucié d'humaniser le vaincu; il s'était contenté de le mettre à la chaîne, et lui avait confié la garde de la maison, sans même chercher à l'apprivoiser. Aussi le retrouve-t-il, après cent ans de sujétion, aussi cruel que le premier jour, et plus difficile à dompter, ayant ajouté à sa férocité native un certain art de combattre, qu'il tient de ses maîtres.

L'Angleterre, sous l'étreinte du tigre qui lui déchire le sein, pousse des cris de rage. A entendre certains de ses hommes d'État et même de ses généraux, bien plus, quelques-uns des ministres de sa religion, il semble qu'elle voudrait surpasser les abominations des Hindous par l'énormité de ses vengeances. Menaces chimériques! vaine satisfaction donnée aux douleurs privées! projets indignes d'une nation! Les peuples chrétiens ne se vengent pas des barbares; dès qu'ils les ont rencontrés, ils sont tenus et par honneur et par sagesse de les élever jusqu'à eux; car le terrain des représailles leur est interdit. Comment y lutteraient-ils à armes égales? Fils de l'Évangile, ils ne peuvent renier la noblesse de leur origine et de leur éducation : il y a des outrages qu'ils ne sauraient rendre sans déroger, sans s'avilir, sans tomber au-dessous de leurs infâmes ennemis. Pour être non-seulement légitimes, mais durables, les conquêtes doivent, dès le début, tendre à devenir, selon la belle définition de Cicéron, la propagande en action d'une civilisation meilleure, et ne jamais s'arrêter dans l'accomplissement de cette tâche glorieuse parce qu'elle est infinie.

www.ingramcontent.com/pod-product-compliance
Lightning Source LLC
Chambersburg PA
CBHW070318100426
42743CB00011B/2471